憲法入門！
市民講座

大久保卓治・小林直三
奈須祐治・大江一平・守谷賢輔 編
Takuji Okubo, Naozo Kobayashi,
Yuji Nasu, Ippei Ooe, Kensuke Moriya

浅野宜之・若狭愛子 著
下村 誠・辻雄一郎
Noriyuki Asano, Aiko Wakasa,
Makoto Shimomura, Yuichiro Tsuji

法律文化社

は　し　が　き

　本書は孝忠延夫 関西大学名誉教授の古稀を寿ぎ刊行されたテキストです。

　孝忠先生は関西大学法学部にて長年教鞭をとられ、後に政策創造学部の設立とその発展にご尽力されてこられました。

　その間、先生は憲法上のさまざまな領域についてご研究の成果を発表してこられました。主だったものとして、議会政のあり方に関連して、国政調査権について『国政調査権の研究』（法律文化社、1990年）を発表されました。あわせて同時期には、大阪府大東市の「まちづくり」に関して、市民自治の「まちづくりネットワーク」が基本となるという視点から『「浸水」のまちから「親水」のまちへ』（法律文化社、1992年）を発表されておられます。

　その後、インド憲法をはじめとするアジア憲法の研究にも視野を広げられ、『インド憲法』（関西大学出版部、1992年）や『インドの憲法―21世紀国民国家の将来像』（浅野宜之と共著）（関西大学出版部、2006年）、『アジアの憲法入門』（稲正樹／國分典子と共編著）（日本評論社、2010年）など多数の著作を発表してこられました。これはさらに「マイノリティ研究」へと展開していき、『インド憲法とマイノリティ』（法律文化社、2005年）、『「マイノリティ」へのこだわりと憲法学』（関西大学出版部、2010年）や『「マイノリティ」という視角（上）（下）』（安武真隆／西平等と共編著）（関西大学マイノリティ研究センター、2011年）、『多元的世界における「他者」（上）（下）』（安武真隆／西平等と共編著）（関西大学マイノリティ研究センター、2013年）といった多数の成果を生み出してこられました。

　また、教科書として『憲法実感！ ゼミナール』（大久保卓治と共編著）（法律文化社、2014年）も出版されました。

　こうした研究と並行して後進の指導にも手厚く携わられ、多くの研究者を輩出してこられました。

　本書はこのような孝忠先生に学部生時代、大学院生時代に指導を受け、また同じ研究者としてその研究姿勢に薫陶を受けた者たちが、先生より受けた指導を講義の場において実践することを意図して作成した憲法の入門書になります。

　本書は孝忠先生の『憲法実感！ ゼミナール』を意識して作成されています。

本書はそれをさらに分かりやすく初学者や他学部生でも理解できるように、との意識の下で執筆されました。ですので、法学部生では当然知っていると思われるような用語であっても、本文中では可能な限り説明を加え、理解を高めてもらえるよう工夫しています。

　また公務員受験生の入門書ともなるべく、判例はできる限り丁寧に引用することを心がけました。さらに判例の引用部分については、どの部分が判例からの引用なのかが一目でわかるようにフォントをユニバーサルデザインに変えることで、多くの人が読みやすいように工夫してみました。

　索引部分の用語については、原則として各講初出の部分をゴシックの太字で記載するようにしました（一部事件名を除く）。読者が索引から用語を探り当てた時、該当ページの用語がゴシック太字になっていないときは、その各講の前のページにも説明があることが分かりますので、用語を探るきっかけになってもらえればと考えています。

　各講の後ろには質疑応答として、本文では説明不足だったところを補いました。またいくつかのところではそれぞれの先生の研究分野に即したテーマを別場面として描いています。

　さて上述の『憲法実感！ゼミナール』では孝忠先生は「山鹿教授」という仮名でゼミナールを主宰し、山鹿ゼミ生の報告と質疑応答という形式で描かれています。本書は、その「山鹿ゼミを卒業し大学の研究者となった元ゼミ生たちが、山鹿先生の古稀を記念して開催した市民講座」という体裁を採りました。ですから市民講座の講演者（執筆者）はみな仮名で登場します。これは執筆者の遊び心ですが名前は動物に由来しており、各執筆者の好きな動物などから取っています。読者の方には、名前を見てくすりと笑ってもらえればと思っています。

　最後になりましたが、孝忠延夫先生の古稀を心からお祝い申し上げますとともに、今後ともさらなるご活躍をお祈り申し上げます。また本書の出版につきましては法律文化社代表取締役の田靡純子様、ならびに企画段階から様々なアドバイスをいただき刊行まで温かく応援してくださった編集部の梶原有美子様には、この場を借りまして厚くお礼申し上げます。

編者一同

目　　次

第1講　日本の憲法の位置づけは？

はじめに

　こんにちは。三猪と申します。これから、日本国憲法についての話を続けていく前に、憲法とはそもそも何なのか、また、これまでの歩みもふまえて、現行の日本国憲法がいかなる特質をもっているのか、簡単にみていきたいと思います。そのあと、日本国憲法が制定される前に運用されていた、大日本帝国憲法、いわゆる明治憲法について紹介し、そして日本国憲法が制定されるまでの過程をおさらいしておきたいと思います。

I　そもそも憲法とは

1　なぜ憲法をつくるの？

　たとえば王制から共和制に移行したネパールのように、独立したり、あるいは政治体制が変わったりした国は、まず憲法を制定する作業に着手することが多いですね。なぜ憲法を制定するところからはじめるのでしょう？

　社会あるところに法あり、といわれるように、複数の人が暮らす社会においては様々なルールが必要になります。ルールを守らなければならない、と聞くと窮屈な話に聞こえますが、逆に一定のルールがなければ円滑に社会生活を送ることも難しくなってしまいます。そうしたルールの1つが、法であり、法のうちの1つが法律、命令などの法規ということになります。

　法規の中でも、今回取り上げる日本国憲法は「最高法規」とされています。98条で「この憲法は、国の最高法規であって、その条規に反する法律、命令、詔勅及び国務に関するその他の行為の全部又は一部は、その効力を有しない」と定めています。つまり、日本においては憲法の規定に反する法律や行政による処分などは認められないということを意味しています。このように、憲法はその国の統治の構造や、保障されるべき権利などについて定めた重要な文書で

ありますから、新たな国づくりを進めるにあたっては、まず制定しなければならないものになるわけです。

2　立憲主義ってことばを聞くけど、何なの？

　立憲主義とは、憲法に基づいて統治が行われることを指します。しかし、単に憲法に基づいて統治が行われていればそれで十分とはされません。市民革命が起こる前の前近代においても立憲主義は存在しました。しかし、それは基本的に専制君主など権力者による権力の濫用を抑制することに主眼がありました。これに対し、フランス革命などの近代市民革命は、土地や、教会といった縛りから解放された「個人」を出発点として、むしろその個人の「自由」や「平等」を守るために、社会を互いの契約に基づいて構成する方向につながっていきます。これは、人びとはそもそも「**自然権**」という権利をもっているという考えから出発しています。ただ、それぞれの人は自由で平等なのですが、逆にそれによって他の人との衝突が生まれかねません。その衝突を調整し、秩序を保つともに、自分たちの自由や権利を守るため、お互いに契約を結び、社会を構成することを国家の基礎に置くという考えが、**社会契約説**といわれるものです。自分たちで契約を結んで構成した社会だからこそ、その運用を誤った政府に対しては抵抗する権利があるとも考えられていました。社会契約説を説いた思想家には、トマス・ホッブズ、ジョン・ロック、ジャン・ジャック・ルソーなどがいます。このように個人の基本的人権を守るために構成された国家においては、「権力の分立」が重要であるという意見が出されました。特定の者に立法や、司法などの権力が集中してしまっては、自由や権利が不当に制限されたり、奪われたりする危険性が高くなるからです。したがって、この時代における立憲主義すなわち**近代立憲主義**の考え方では、「基本的人権の尊重」と「権力の分立」が不可欠な要素とされます。ただし形式的には憲法が制定され、人権保障に関する規定が盛り込まれていたとしても、その内容において人権保障については法律により制限がかけられうる形をとっていたり、君主が主権を保持している中で権力の分立が十分に制度化されていなかったりする場合は、「**外見的立憲主義**」であるとされています。フランスとは違って、いわば「上からの市民社会化」がなされたドイツの憲法や、後に述べる大日本帝国憲

法などはその例ということができるでしょう。

3　近代立憲主義と、現代立憲主義とでは違いがあるの？

　19世紀以降になると、産業革命などが起こり、経済的状況も変化してきます。それまで政府は経済活動に大きく関与しない、いわゆる「夜警国家」という方針をもっていました。夜警とはガードマンのことで、いわば国家の役割は国防、外交など最小限のものに限り、経済はできるかぎり民間の手にまかせるようにすればよい、という考えが主流であったわけです。しかし資本主義の進展とともに、資本家と労働者との間のように、社会的、経済的格差が広がっていきました。その中で、社会不安も生まれ出したことから、格差をなくしていく必要性が認識されはじめました。その格差をなくしていく主体になりうるのは、政府であったわけです。そうなると、統治のあり方も変わってきます。資本主義に基づく経済運営がなされる中で、富の再分配を通じて、経済的な格差を是正するという福祉国家の概念を取り入れるようになりました。これに関連して、国に対して保障を請求する権利、すなわち社会権という概念が生まれました。また、近代立憲主義の下では国民の代表であるところの議会が国家運営の中心を担う形をとっていたのに対して、政策実行にあたる行政の役割が重要になってきます。いわゆる行政国家化とされるものです。また、人権を保障する手段の拡充も重要な変化です。法令や行政の処分に対する通常裁判所または憲法裁判所における違憲審査や、国内人権機関に対する申立てなど、多様な形で人権の保障を図る手立てが設けられるようになりました。このような要素をもつ立憲主義は、近代立憲主義とは異なり**現代立憲主義**といわれます。

4　立憲主義と民主主義

　皆さんは中学校などで、「民主主義がたいせつだ」というような教えを受けてきたのではないでしょうか。民主主義という用語も様々な意味をもつことばでありますが、純粋に統治の手続について示している場合と、その中に人間の尊厳や、自由の保障といった内容も含められるとする場合とに分かれます。いずれの意味でとらえるとしても、人びとの意見に基づいて政策を決定し、これを実行していく点に変わりはなく、1人の者に権力が集中しているような、い

わゆる独裁制に比べれば、政治体制としてはより優れているといわれます。しかし、多数の者の意見をもってしても奪ってはならないもの、制限してはならないものもあります。そうしたものを守るために、あらかじめ憲法に何を保障すべきなのかを書き込んでおくのです。したがって、多数派の国民が選出した議員によって制定された法律だとしても、憲法に違反するとして裁判所などが判断すれば、それは無効になりうるわけです。すなわち、たとえ多数決によって決定される事がらであったとしても、立憲主義の下では、憲法による枠がおのずから設けられているということになるのです。このような点から、立憲主義と民主主義との間には緊張関係があるといわれます。

5　憲法を守るべき人は誰ですか？

　これまでみたように、憲法を制定する根本には国民の自由、権利を守るという目的があり、そのために権力を持つ者がその力を好き勝手に使わないように抑える必要があるという考えがあります。このことから考えると、憲法を守らなければならない人というのは元来、一般の国民ではなく為政者（政治を行う者）あるいは公務員など権力を行使しうる者ということになります。日本国憲法では、99条で「天皇又は摂政及び国務大臣、国会議員、裁判官その他の公務員は、この憲法を尊重し擁護する義務を負ふ」と定めています。いわば、憲法を守らなければならないのは条文にあげられたような、権力を行使しうる立場にある人たちということになります。このように立憲主義を形にしたような憲法が制定されるまで、どのような過程をたどったのでしょうか。次にその過程を簡単にみることにしましょう。

II　大日本帝国憲法

　日本において近代的な憲法が制定されたのは、1889（明治22）年の大日本帝国憲法、いわゆる明治憲法になります。明治維新以降、政府は版籍奉還や廃藩置県などに基づき中央集権的な国家を建設していきます。そして、明治政府としては欧米諸国と締結していた不平等条約の改正を進めていくためにも、近代的な法整備を進める必要があり、またそれらの国々にみられる立憲主義的な政

治体制の重要性を認識していたとされます。不平等条約のポイントは、関税自主権がないこと、そして治外法権であることでした。このうち治外法権については、日本の裁判制度が発達していないことを理由に、たとえば外国人が日本国内で犯罪行為を行ったとしても、これを日本の司法制度の下で裁くことが認められていなかったということになります。そのため、近代法の整備は欧米諸国との関係のうえでも必要でした。

　政府が1875（明治8）年に「立憲政体の詔書」を発布し、元老院の下で憲法起草作業を開始したのに対し、議会開設および憲法制定を求める運動が強くなったほか、民間の有志も憲法草案を作成するなどしていました。そのなかにはいわゆる「五日市憲法」のように、国民の権利の保障について細かく定めた、特徴的な憲法草案も存在していました。

　大日本帝国憲法を制定するにあたり、明治政府内ではその手本をプロイセン（現在のドイツを構成する諸邦のなかでもっとも強い勢力を保持していた国でした）の憲法にもとめるのか、あるいはイギリス式の議院内閣制の制度を採用するのかで意見は分かれていました。最終的にプロイセン型の憲法を採用する方針が固まり、後に初代総理大臣や枢密院議長を務める伊藤博文らは欧州諸国に憲法調査のため訪問しています。帰国後、伊藤は制度取調局を設置して長官に就任し、井上毅らとともに起草作業を進めました。起草された案は枢密院での審議の後、天皇の裁可を得て1889（明治22）年2月11日に公布されました。なお実際に施行されたのは、1890（明治23）年11月29日になります。

　大日本帝国憲法の特徴は、まず欽定憲法であること、そして天皇主権の国家体制が明記されていること、基本的権利については十分とはいえない側面があったこと、などがあげられます。

　欽定憲法とは、最終的に国民の議決によって制定される民定憲法とは異なり、国王などの君主が制定し、国民（臣民）に対して発布するという形式をとる憲法のことを指します。大日本帝国憲法は、天皇主権の憲法でした。そのことは、日本国憲法でいえば前文に当たる部分において、「茲（ここ）ニ大憲ヲ制定シ朕カ率由スル所ヲ示シ朕カ後嗣及臣民及臣民ノ子孫タル者ヲシテ永遠ニ循行スル所ヲ知ラシム（ここに憲法を制定し、天皇が守らなければならないところを示し、天皇の後継者、臣民及び臣民の子孫が永遠に守らなければならないところを知ら

しめる）」とされるところや、「国家統治の大権ハ朕カ之ヲ祖宗ニ承ケテ之ヲ子孫ニ伝フル所ナリ（国家統治の大権は天皇が祖先から受け継ぎ、子孫に伝えるものである）」としているところなどから分かります。

　大日本帝国憲法の規定上は、天皇が統治権をもち、内閣は置かれていましたが各大臣は天皇を輔弼する、すなわち天皇を助ける存在とされていました。また、軍の最高指揮権を意味する統帥権もまた天皇がもつとされていました。この統帥権は政治部門から独立するものとされて議会の統制が及ばず、これが後に軍部の暴走を進めることにもつながってしまいました。

　基本的権利に関しては、言論の自由や居住、移転の自由についての条項にあるように「法律の範囲内において」認めるという、いわゆる「法律の留保」が様々な規定においてみられました。もちろん憲法でも天皇は憲法に従って統治することが明記されていますので、その意味では立憲主義のもとに成立している体制であるということができますが、基本的人権の尊重という側面では不十分であり、さらに権力の分立という点でも天皇が主権を保持していたことから考えれば、外見的立憲主義にとどまったということになるでしょう。

　第二次世界大戦の後、日本は1945（昭和20）年8月14日にポツダム宣言を受諾し、降伏しました。ポツダム宣言の受諾とは、日本が民主的な政治体制に転換することを約束したことを意味します。その体制の転換にあたって、新たな政体の基礎となる憲法の制定が必要になりました。

Ⅲ　日本国憲法制定

1　日本国憲法の制定まで

　1945（昭和20）年10月25日に幣原喜重郎内閣の下で憲法問題調査委員会が設置されました。同委員会の委員長は商法学者の松本烝治氏であったことから、松本委員会といわれます。この松本委員会では委員が独自に作成した草案のほか、委員会としての憲法改正要綱が作成されました。しかし1946（昭和21）年2月にその案が新聞報道されたことを契機に、当時日本を占領統治していた連合国軍総司令部（GHQ）の長官マッカーサーの指示のもと、草案（マッカーサー草案）が作成され、日本政府に手渡されました。政府はマッカーサー草案を基

礎に作成した案をもとに逐条審議を行いました。逐条審議とは、ひとつひとつ
の条文について審議を行うことをいいます。憲法改正作業の途上、1946年4月
10日に衆議院議員総選挙が実施されました。これは最後の帝国議会の総選挙で
あり、また、女性が参政権を行使した初めての選挙となった、歴史的に重要な
選挙でもあります。その後国会に提出された草案について、衆議院の下での憲
法改正小委員会、貴族院の下での憲法改正特別委員会での審議を経て改正案は
可決され、1946年11月3日に日本国憲法が公布されました。そして、6か月後
の翌年5月3日に施行されました。ちなみに、公布とは国民がその法令を知る
ことができる状態にすることで、現在では官報という刊行物に掲載されること
で公布されたものとされます。施行はその法令の規定が一般的に効力を有する
状態になることで、その期日については公布と同時に施行される場合もあれ
ば、施行の期日が別に定められる場合もあります。憲法の場合、これに反する
法令の規定は認められませんから、すでに制定されていた法令などには新しい
憲法と適合するように改正しなければならない条項もあったため、公布から施
行までには6か月間の期間が設けられていたのです。この憲法が施行された日
を記念して、現在は5月3日が憲法記念日として祝日とされているのです。

2　日本国憲法は「押しつけ憲法」なのか

　よく、「日本国憲法は押しつけ憲法であって、制定にあたって日本国として
の自主性がないので問題である」という内容の意見を述べる人がいます。たし
かに、憲法制定の過程をみると、マッカーサー草案を基礎に憲法改正草案が作
成されるなどしているため、いかにも憲法が「押しつけられた」という印象が
もたれるのかもしれません。しかし、手続をみれば選挙によって選出された議
員が構成する帝国議会によって改正案は可決されていることから、国民の手に
よって制定した憲法ということができます。その内容についても、憲法改正草
案が発表された後に新聞社が行った調査によれば、大多数の回答者が天皇制の
あり方や、戦争放棄の条項、または国会の二院制について賛成しており、ま
た、国民の権利義務規定についても多数の回答者がこれを支持していました。
この点から考えても、憲法草案について当時の国民の多くが賛同していたこと
の表れであり、必ずしも一方的な押しつけというにはあたらないといえるので

はないでしょうか。

　そもそも、現行の日本国憲法に定められた内容は近代以降の立憲主義に不可欠な要素を入れ込んだものであって、これを押しつけ憲法であるという理由で否定するのは難しいといえるでしょう。

3　八月革命説

　現行の日本国憲法は、前に述べたとおり大日本帝国憲法を改正するという手続きによって制定されています。しかし、思い出していただきたいのは、大日本帝国憲法の原理は「天皇主権」の欽定憲法であったということです。したがって大日本帝国憲法の制定権者は天皇であって、たとえその憲法を改正しようにも、憲法の根幹である主権を持つ制定権者までは変えられないのです。ところが、日本国憲法を制定するにあたっては大日本帝国憲法を改正する形で進めました。そこで考え出された１つの考えが、「八月革命説」と呼ばれるものです。それは、ポツダム宣言の受諾によって法的には革命が起きたのと同じことが発生したとみなすというものです。革命とは、通常市民などによって単に政権が倒されるのにとどまらず、政治体制が覆されることをいいます。フランス革命やロシア革命などのことばを聞いたことがあるでしょう。日本において第二次世界大戦後そのような革命は実際には起きていませんが、あくまでも大日本帝国憲法の改正手続に基づいて新しい憲法を制定することを正当化するために考え出されたものということができるでしょう。

4　憲法改正と日本国憲法

　日本国憲法が制定されてから今日まで、常に議論の焦点となってきたのが憲法改正問題でした。96条において、各議院の総議員の３分の２以上の賛成で国会が発議し、国民投票での過半数の賛成により改正がなされることが定められています。このように、まず出席している国会議員ではなくて、すべての議員の３分の２以上の賛成を得なければならないこと、そして国民投票を実施して賛成票および反対票を足した数の２分の１以上の賛成を得ることの２つのハードルが憲法改正には設けられています。このように通常の法律の制定などと比べて憲法改正が難しい憲法のことを、硬性憲法と呼びます（その反対が、軟性憲

法と呼ばれるものです）。

　なお、憲法が大幅に改正されるのは、国の統治体制が大きく変化したとき
や、国の統治体制において根本的な原則を変更するときということができま
す。また、憲法改正のすべてが大幅なものではなく、時限的な規定の延長のた
めの憲法改正のような例があることも事実です。このほか、憲法の文言自体は
変化していないにもかかわらず、憲法の文言とは異なる一定の事実状態が継続
的に存在し続け、この状態についての憲法が変更されたものとみなす、いわゆ
る憲法の変遷と呼ばれる状況も改正の１つに考える論者もいます。さて日本で
は、政治体制は大きな変化はなかったものの、憲法を改正しようとする動きは
長く存在してきました。その動きのよりどころとなってきた事がらとしては、
前に述べたような「日本国憲法は押しつけ憲法だ」とする考え、「基本的権利」
などに盛り込まれた考え方が日本の伝統に合わないとする見方、そして「戦力
の不保持」をはじめとする９条の規定に対して否定的にみる見方などをあげる
ことができます。いかなる考えから憲法を改正しようと考えるのか、あるいは
条文を変えずに保持しようとするのか、憲法というものの本質をよく把握し、
また、諸外国における憲法改正のあり方も学びながら十分に議論し、検討する
ことが求められるでしょう。

Ⅳ　日本国憲法の三原理と天皇

　おそらく皆さんは、中学校や高校での社会科の授業で、日本国憲法の三原理
は「国民主権」「基本的人権の尊重」「平和主義」だと習った記憶があるのでは
ないでしょうか。ただし、日本国憲法には、前文を含めどこにも３つの原理と
いう文言はありません。実際、日本国憲法が公布された翌年に当時の文部省が
作成した中学生向けの冊子（『あたらしい憲法のはなし』）では、前文に含まれる
重要な原理として「主権在民主義」「民主主義」「国際平和主義」の３つをあげ
ています。このうち「主権在民主義」は「国民主権」に該当する用語ですが、
この原理は日本国憲法の根幹に関わるものでありながら、その意味はほかの二
つの原理に比べると一見しただけでは分かりにくいものです。

　「主権」とはいろいろな意味で用いられることばです。①国の統治権という

9

意味で用いられる場合があります。具体的には立法権、行政権、司法権という形で行使されるものです。41条にある「国権の最高機関……」という条文の中の「国権」はこの意味での主権を指すといえます。②国が対外的独立性をもつものであることを示す際に用いられる場合があります。たとえば、ある国の政策が国民の人権を侵害しているとして海外などから批判を受けたとき、「国家の主権を侵害している」として反論する場合があります。このときの「主権」はこの意味で用いられているものです。③国政の最終的決定権限という意味で用いられる場合があります。国民主権というときはこの意味で用いられています。つまり、日本国憲法の下では国民が国政について決める最終的な権限を有しているということになります。

　主権ということばは、日本国憲法1条でも出てきます。この条文が含まれている第1章は「天皇」についての規定が盛り込まれているものですが、天皇の地位は主権の存する国民の総意に基づく、いいかえれば国民の意思に基づいて象徴としての天皇の存在が認められていると定められています。条項は確かに天皇の地位についてのものですが、この条文を通じて、天皇主権であった大日本帝国憲法とは異なり、国民主権が日本国憲法の重要な原理となったことを明らかにしているということができます。

　おわりに
　本講では、立憲主義という考え方と、日本国憲法の制定過程に焦点をあててみました。近代立憲主義として不可欠な要件とは基本的人権の尊重および権力分立とされました。この考え方の下では権力を有する者に対し、その濫用を防ぐことで国民の自由を守るという点に主眼が置かれていました。ただし社会の変化にともなって、福祉国家の概念が提唱されるなか、人権保障のあり方も変わり現代立憲主義の考え方が生まれて現在にいたっています。この立憲主義の流れからみて、日本の憲法はどのように把握することができるでしょうか。

　大日本帝国憲法は、近代立憲主義的な憲法にみえますが、実際には人権保障のあり方などから外見的立憲主義の一例とされることがあります。この大日本帝国憲法を改正する形で制定されたのが、現行の日本国憲法です。

　日本国憲法の主要な原理とされるものの1つが、国民主権です。この概念は

難しいもので、次の質疑応答の部分でもふれている「国民」の意味などが議論の対象となってきました。憲法に定める統治のしくみを理解するにおいて根幹になる概念ですので、「主権」とは何なのか、しっかり頭に入れていただきたいと思います。

　ご清聴ありがとうございました。

質疑応答の時間

受講者：国民主権の「国民」っていったい誰のことなんでしょうか。

三猪（さんちょ）：日本国憲法では、10条で国民の要件は法律で定めるとしていて、この条文をみるかぎりでは国民＝（日本の）国籍を持つ者、というとらえ方ができます。しかし、96条で憲法改正手続の中での「国民投票」というものがありますが、ここでいう国民は、国籍保有者の中でも有権者などを示しているということができます。これらのような具体的な意味合いではなく、「国民」という総体としての存在で取り扱うということばの使い方は、1条にある「国民の総意」というときにみられます。この場合の「国民」も、観念的な1つの総体としての、つまり自らの意思を表明する具体的な自然人とはみなさない見方と、有権者など特定の個人の集合体であって、具体的に意思を表明する制度につながりうる存在であるとする見方とに分かれます。前者であれば、国民を国家権力を行使する正当性の源泉として扱い、後者であれば有権者を国政の最高決定権限の存するものとして扱うという考えにつながります。日本国憲法における国民主権とは、その両面が統合されたものと考えることができます。

受講者：大日本帝国憲法が制定されるまでにも、また、日本国憲法が制定される際しても、国の機関以外において様々な憲法草案がつくられたと聞きました。

三猪：そうですね、有名なところでは、明治時代に現在の東京都多摩地区で有志により作成された「五日市憲法」があります。自由民権運動の動きの中で作成されたものですが、立憲君主制の枠組みの中で、基本権の保障、司法権の重視など特徴ある規定を設けたものとされています。日本国憲法制定にあたっても、民間の組織である憲法研究会による「憲法草案要綱」や、政党による各種の「憲法改正要綱」が発表されています。当時の人びとが、どのような思いをこめて新しい憲法をつくろうとしたのか、それらの草案をてがかりに考えてみてはどうでしょうか。

懇親会にて

●アジアの憲法

鶴鵲(かんじゃく)：本日は市民講座のトップバッターとしてお話いただきありがとうございます。ところで三猪先生はアジアの憲法についても造詣が深いと伺っていますが、アジアの各国で制定されている憲法については、日本国憲法と似ていたり、あるいは異なっていたりするのでしょうか。

三猪：そうですね。一口にアジアといってもその範囲は広く、それぞれの国の歴史的あるいは文化的背景も多様です。したがって、その憲法のあり方も様々です。まず社会主義諸国の憲法は、おおむね一党独裁体制を維持するなどその政治体制からみて独自のものがあり、他の自由主義諸国の憲法とは一線を画します。これらの国でも資本主義の導入がなされるとともに社会の様々な側面で大きな変化がもたらされていますが、ここでは政治体制の社会経済におよぼす影響が大きいことを指摘することができるでしょう。

　アジアにはタイ、ブータン、マレーシア、ブルネイ、カンボジアと立憲君主制の国家が複数あります。各国での君主の位置づけは異なり、それが憲法における統治機構の条項にも影響を及ぼしています。君主の有無は別として、それぞれの国の政治体制には違いがあり、フィリピンのように大統領制の国もあれば、インド、バングラデシュなどの議院内閣制の国もあります。また、議院内閣制をとるとはいえ、政治的な実権はほとんどないものの、大統領が国家元首として憲法では規定されている国もあります。

　司法権でいえば、多くの国で違憲審査制を設けていますが、これを通常裁判所が管轄する国と憲法裁判所などが管轄する国とに分けることができます。インド、バングラデシュ、フィリピンなど英米法系の国では通常裁判所が違憲審査権をもつことが多く、それ以外の国では、インドネシア、タイ、ミャンマー、韓国などの国に憲法裁判所が置かれています。違憲審査制は現代の「法の支配」の原理においても重要な制度とされていますので、それぞれの国でどのような運用がなされているのかについて、注視することが大切です。

鶴鵲：人権規定についてはどうですか？

三猪：人権規定に関しては、いわゆる自由権のカタログはいずれの国においても大差ない規定が設けられているということができます。アジア諸国の憲法で注目されるのは、いわゆる「政策の指導原則」などの名称で定められている、社会権的な政策目標規定が南アジア諸国をはじめいくつもの国の憲法に盛り込ま

12

れていることです。この規定は、元来1950年に制定されたインド憲法の草案を作成するときに、1937年アイルランド憲法に設けられていた、労働者保護のための「社会政策の原則」規定を参考にしたとされています。いまでは、労働権にかんする規定のみならず、たとえばインドでは酒類の生産規制や牛などのと殺の制限、パキスタンではイスラームの連帯など、広い範囲について規定するものに発展してきています。

　また、人権を保障する1つの手立てとして、南アジア諸国では公益訴訟と呼ばれる訴訟形態が広く用いられています。これは人権の侵害を受けている本人でなくとも、第三者が救済を求めて訴訟を提起できるという点に特徴のある方式で、これが濫用されるという課題はありつつも、重要な人権保障手段となっています。

　さらに、インドやタイの憲法のように、「憲法や法令の遵守」を「国民の義務」として定める規定を設けている例もあります。

　こうした規定の意味についても考察していく必要があるでしょう。

　日本国憲法は、自由権規定など他のアジアの国の憲法と類似しているところもありながら、そのコンパクトさ（条文数が少ない）や、平和主義を明確に打ち出している点など、独自の面も多くあります。比較の視点をもちつつ、日本国憲法の特徴を探ることも面白いのではないでしょうか。

第2講　憲法を支える平和主義とは？

はじめに

本日の講座を担当する 鳳 です。日本国憲法は、かつての軍国主義と第二次世界大戦の痛烈な反省に基づいて、前文で平和的生存権を、9条1項で戦争放棄を、同条2項で戦力の不保持を規定しています。平和主義は憲法の土台となるものですが、自衛隊・日米安全保障条約の合憲性については様々な議論があるところです。そこで、今回は、9条をめぐる学説・判例だけでなく、日米安保体制をめぐる最近の状況もあわせて解説します。

I　日本国憲法の平和主義と9条の意義

1　平和主義と国際法

国際法の分野では、第一次世界大戦の経験をふまえ、国際連盟規約（1919年）に続き、国際紛争解決手段としての戦争と国家の政策手段としての戦争の放棄を定める**不戦条約**（1928年）が締結され、日本も1929（昭和4）年に批准しています。「締約国ハ、国際紛争解決ノ為戦争ニ訴フルコトヲ非トシ、且其ノ相互関係ニ於テ国家ノ政策ノ手段トシテノ戦争ヲ抛棄スル」とする同条約1条は、後の憲法9条の解釈にも大きな影響を与えています。ただし、本条約は自衛戦争までも禁止するものではないと一般的に理解されています。

第二次世界大戦終結直前の1945年6月に採択された**国際連合憲章**は、武力の行使と武力による威嚇を禁止（同2条）しています。また、各国の憲法も侵略戦争を禁止しています。1946年のフランス第4共和国憲法、1948年のイタリア共和国憲法、1949年のドイツ基本法等がその例ですね。しかし、国連憲章42条は国連軍を規定し、同51条は、「国際連合加盟国に対して武力攻撃が発生した場合には、安全保障理事会が国際の平和及び安全の維持に必要な措置をとるまでの間、個別的又は集団的自衛の固有の権利を害するものではない」としてい

ます。国連憲章も各国の憲法も、自衛戦争を禁止しているわけではない点に注意が必要です。

2　9条の成立経緯

憲法の平和主義は、大西洋憲章（1941年）、**ポツダム宣言**（1945年）、戦争の放棄、軍隊の不保持、交戦権の否認を定める**マッカーサー・ノート**（1946年）の第2原則に由来すると考えられています。当時の首相であった幣原喜重郎が戦争放棄をマッカーサーに発案したとの説も有力です。ただし、日本政府が戦争放棄を受け入れたのは、軍国主義の復活防止というだけでなく、天皇制を存続させるためという側面もありました。

9条の原型となったGHQ草案8条は日本政府の憲法草案にそのまま反映され、第90回帝国議会の衆議院の審議で、衆議院の帝国憲法改正案委員会の委員長であった芦田均によって、1項の「日本国民は、正義と秩序を基調とする国際平和を誠実に希求し、」と、「前項の目的を達成するために、」の文言が挿入されました（**芦田修正**）。また、貴族院で文民条項（66条2項）が追加されています。

3　9条をめぐる議論

(1)　**平和的生存権**　　憲法前文は、「平和のうちに生存する権利」として、**平和的生存権**を規定しています。ただし、その裁判規範性を認めるか否かについては争いがあります。

前文の裁判規範性を認めた判例としては、後述の長沼ナイキ事件第1審判決（札幌地判昭和48年9月7日民集36巻9号1791頁）や自衛隊イラク派遣差止訴訟名古屋高裁判決（名古屋高判平成20年4月17日判時2056号74頁）があげられます。ただし、長沼ナイキ事件の控訴審判決（札幌高判昭和51年8月5日民集36巻9号1980頁）や百里基地訴訟第1審判決（水戸地判昭和52年2月17日民集43巻6号506頁）は裁判規範性を認めることに消極的です。

(2)　**9条の解釈**　　9条1項の「国権の発動たる戦争」とは戦争を意味します。「武力による威嚇」とは、三国干渉（1895年）のように、武力によって自国の主張を相手国に強要することを、「武力の行使」とは、満州事変（1931年）や

日中戦争（1937年）のように、宣戦布告なしで行われる事実上の戦争を指します。

　「国際紛争を解決する手段としては」と規定する9条1項について、不戦条約等の国際法の用例に従えば、同条が放棄しているのは侵略戦争であって、自衛戦争までも放棄するものではないということになります。これに対して、あらゆる戦争は「自衛」の名のもとに行われるのであって、侵略戦争と自衛戦争の区別は困難であり、9条1項は侵略戦争と自衛戦争の双方を放棄しているとする有力説もあります。

　しかし、9条1項をどのように解釈するにせよ、同2項は「陸海軍その他の戦力はこれを保持しない」としており、自衛戦争を行うことは事実上不可能であることから、従来の学説の多くは、9条は結局のところ侵略戦争と自衛戦争の双方を放棄していると理解しています。芦田修正によって自衛のための戦力を保持することが可能になったとする見解もありますが、芦田個人の意図はともかく、衆議院の憲法改正草案委員会の総意とはいいがたいこと、侵略戦争と自衛戦争の区別は困難であること、文民条項を除いて戦力保持を前提とした規定がないこと等を理由に、説得力を欠くとの批判がなされています。

　(3)　**戦力の不保持・交戦権の否認**　　9条2項が禁止する「戦力」について、多くの学説は、国内の治安維持を目的とする警察力と国土の防衛を目的とする**戦力**（軍事力）を区別したうえで、9条2項の下では、警察力を超える実力である戦力を保持することは禁止されているとしています。このような学説の立場を突き詰めると、現在の自衛隊は、その装備・規模に照らして、9条2項の「戦力」に該当する可能性があり、違憲の疑いが払拭できないということになりそうです。ただし、「戦力」に至らない一定の自衛組織は許容される余地があるとする有力説もあります。

　9条2項は「交戦権」を否認しています。**交戦権**については、これを国家が戦争を行う権利であるとする見解もありますが、国際法の用例では、相手国兵力の殺傷と破壊、相手国の領土の占領等、国家が交戦国として国際法上有する権利であるとする見解が有力です。自衛戦争の場合、交戦権は否定されないと主張する見解もあります。

　(4)　**9条と自衛権**　　**自衛権**とは、外国からの急迫不正な侵害に対して、自

国を防衛するために一定の実力を行使する権利を意味します。自衛権の行使には、①外国等による急迫不正の侵害という違法性の要件、②他に取りうる手段がないという必要性の要件、③侵害を排除するための実力行使が必要な限度にとどまるという均衡性の要件をみたさなければなりません。国連憲章51条は加盟国に自衛権（個別的自衛権・集団的自衛権）の行使を一定の範囲で認めていますが、日本国憲法上どこまで自衛権を行使可能であるのかについては議論があります。

　日本政府は、9条は主権国家としての固有の自衛権を否定するものではなく、自衛のための必要最小限度の実力（自衛力）を保持することは、憲法上認められるとしています。政府見解によれば、具体的な自衛権の限度は、その時々の国際情勢、軍事技術の水準その他の諸条件により変わりうる相対的な面があるので、毎年度の予算などの審議を通じて国民の代表者である国会において判断されるとしています。ただし、大陸間弾道弾（ICBM）、戦略爆撃機、攻撃型空母は保有できないとされています。

　政府見解に対しては、従来の有力学説から、戦力と自衛力を区別することは困難であるとの批判がなされてきました。9条は警察力や外交等の「武力なき自衛権」を想定している、あるいは自衛権を放棄しているとの見解もあります。

4　自衛隊に関する判例

　自衛隊の前身である警察予備隊が9条に違反するとして争われた警察予備隊違憲訴訟（最大判昭和27年10月8日民集6巻9号783頁）において、最高裁は、日本はアメリカ型の**付随的違憲審査制**を採用しているとして、訴えを退けました。

　自衛隊の通信線を切断したことが防衛用器物損壊罪（自衛隊法121条）に問われた恵庭事件において、札幌地裁（札幌地判昭和42年3月29日下刑9巻3号359頁）は、通信線は防衛用装備には該当しないとして被告人に無罪判決を下し、自衛隊についての憲法判断を回避しました。

　航空自衛隊の地対空ミサイル基地建設が争点となった長沼ナイキ事件において、前掲第1審の札幌地裁は、9条1項で侵略戦争が、同2項で自衛戦争が禁止されているとして、自衛隊は9条2項の禁止する「戦力」であり違憲と判断しました。しかし、前掲控訴審札幌高判昭和51年8月5日は、統治行為論に基

づき自衛隊の合憲性について判断しませんでした。最高裁（最判昭和57年9月9日民集36巻9号1679頁）も、原告の訴えの利益が消滅したとして上告を棄却しています。

　自衛隊基地建設のための土地購入が9条に違反して無効であるとして争われた百里基地訴訟において、最高裁（最判平成元年6月20日民集43巻6号385頁）は、公法的な規範である9条はそのまま私法的な価値秩序に適用されるわけではなく、民法90条の「公ノ秩序」の一部を形成するにとどまり、本件契約が社会的に許容されない反社会的行為であったとはいえないとして上告を棄却し、憲法判断に立ち入りませんでした。

　これまで最高裁は自衛隊について明確な憲法判断を行ったことはありません。最高裁は明言していませんが、その背景には、9条の問題は高度に政治的な問題であるとする**統治行為論**があるのではないかと指摘されています。

II　自衛隊と日米安全保障条約

1　自衛隊と文民統制

　東西冷戦の激化は日本国憲法の平和主義に大きな影響を与えました。1950（昭和25）年の朝鮮戦争をきっかけに警察予備隊が設立され、1952（昭和27）年には保安隊に改組されます。さらに、1951（昭和26）年の**サンフランシスコ講和条約**と同時に日米安全保障条約（旧安保条約）が成立し、1954（昭和29）年に**日米相互防衛援助協定**（MSA協定）が結ばれ、陸海空の**自衛隊**が発足しました。

　自衛隊法は、自衛隊の任務として、防衛出動（同76条）、治安出動（同78条）、災害派遣（同83条）、地震防災派遣（同83条の2）、原子力災害派遣（同83条の3）等を規定しています。2011（平成23）年3月11日の東日本大震災等、災害派遣・地震防災派遣の印象が深い自衛隊ですが、世界有数の実力組織であることに留意する必要があります。

　文民統制とは、民主的な選挙で選出された政治家が軍隊を統制することを意味します。自衛隊に対しては、内閣総理大臣を最高指揮官とし、防衛大臣が自衛隊の隊務を統括することによって、厳格な文民統制が敷かれています（自衛隊法7・8条）。

　明治憲法下においては統帥権の独立が認められており（明治憲法11条）、軍部に対する内閣や帝国議会の統制が及ばなかったこと、また、陸海軍大臣の現役武官制度によって軍部の政治介入を許してしまったことへの反省から、日本国憲法は文民統制のために、内閣総理大臣その他の国務大臣は文民でなければならないと規定しています（同66条 2 項）。文民の意味については議論がありますが、政府見解によれば、職業軍人の経歴を持つ者であっても、強い軍国主義思想の持ち主でなければ文民であるとされます。少なくとも現役の自衛官は文民ではないと考えられています。

　国家安全保障に関する重要事項は、内閣に設置される**安全保障会議**において決定されます（国家安全保障会議法 2 条）。内閣総理大臣が自衛隊に出動命令を出す際には国会の承認が必要です（自衛隊法76条、武力攻撃事態対処法 9 条等を参照）。

2　日米安全保障条約をめぐる問題

　日本が米軍基地を提供するだけの片務条約であった旧安保条約は1960（昭和35）年に改定され、「極東における国際の安全及び平和の維持」のために、日本の領域内において、日米のいずれか一方が武力攻撃を受けた場合の共同行動を規定する現在の**日米安全保障条約**（新安保条約）（1960年）が締結されました。日本が冷戦に巻き込まれるとの懸念から、同条約に対して大きな反対運動（60年安保闘争）が起きましたが、岸信介内閣の退陣と引き換えに自然成立しました。

　日米安保条約と 9 条の関係が争点となった事件としては、砂川事件があげられます。この事件では、在日米軍の使用する立川飛行場の拡張工事に伴う測量に反対するデモ隊が基地内に進入したため、旧安保条約 3 条に基づく刑事特別法 2 条違反で起訴され、その際に在日米軍の合憲性が争われました。

　第 1 審の東京地裁（東京地判昭和34年 3 月30日刑集13巻13号3305頁）は、 9 条が自衛のための戦力の保持を禁止していること、在日米軍が日本政府と米国政府の合意に基づくこと等を理由に、在日米軍が 9 条 2 項に違反すると判断し、被告人に無罪判決を下しました。これに対して、検察は最高裁に直接上告（跳躍上告）しました。

最高裁（最大判昭和34年12月16日刑集13巻13号3225頁）は、9条の平和主義は無防備、無抵抗を定めたものではなく、必要な自衛の措置をとりうるのであって、国連のみならず、他国に安全保障を求めることを禁止してはいないこと、9条2項が禁止する「戦力」とは、日本が主体となってこれに指揮権、管理権を行使しうる戦力のことであり、在日米軍はこれに該当しないと判断しました。また、最高裁は、留保付きの統治行為論に基づき、日米安保条約は日本の存立にかかわる高度の政治性を有するので、同条約が「一見極めて明白に違憲無効であると認められない限りは、司法審査権の範囲外のもの」であり、第一次的には内閣・国会、終局的には国民の政治的判断に委ねられているとして、明確な憲法判断を行いませんでした。

3　米軍基地の負担をめぐる問題

　沖縄県には、広大な嘉手納基地をはじめ、在日米軍基地の多くが集中しています。沖縄県知事が米軍施設のための土地収用手続の際の署名を拒否したことが争われた沖縄代理署名訴訟（最大判平成8年8月28日民集50巻7号1952頁）や、普天間基地の辺野古沖移設の賛否を問う住民投票の効力が争点となった名護市住民投票事件（那覇地判平成12年5月9日判時1746号122頁）の背景には、沖縄の複雑な歴史や米軍基地の負担の問題があることを意識する必要があるでしょう。

　神奈川県では、厚木基地の深刻な騒音問題（特に米海軍空母艦載機の発着訓練）がたびたび裁判の対象となってきました。基地周辺住民が米軍機・自衛隊機の運航差止と騒音に対する損害賠償を求めた第4次厚木基地騒音訴訟において、控訴審（東京高判平成27年7月30日判時2277号84頁）は自衛隊機の夜間・早朝の運航差止請求を認めましたが、米軍機の運航は条約上の問題であるとして請求を認めませんでした。最高裁（最判平成28年12月8日民集70巻8号1833頁）は自衛隊機の運航差止請求を退けています。

　在日米軍関係者の法的地位は**日米地位協定**によって取り決められています。同協定によれば、米軍内部や公務中の場合を除く米軍関係者の犯罪について、その裁判権は日本側にありますが（同17条3項）、起訴前は米側が身柄を拘束することになっています（同17条5項(c)）。

4　自衛隊の海外派遣

　1989（平成元）年に冷戦は終結しましたが、世界各地で紛争が頻発するようになります。1991（平成3）年の湾岸戦争の際、日本は90億ドルもの資金提供を行なったにもかかわらず、関係国から十分な評価を得られませんでした。そこで、湾岸戦争後、自衛隊法99条（現行84条の2、機雷等の除去）を根拠に、ペルシャ湾に海上自衛隊の掃海部隊が派遣されました。

　1992（平成4）年に宮澤喜一内閣の下で**国際平和協力法**（PKO協力法）が成立します。同法の下で、自衛隊は、カンボジア（1992年）をはじめ、多くの国々で、停戦監視や人道復興支援等を行う国連平和維持活動（PKO活動）に参加してきました。また、2007（平成19）年の法改正により、国際平和協力活動等が自衛隊の本来任務として位置づけられました（自衛隊法3条2項）。しかし、最近の南スーダンPKO（2017年に撤収）では、現地の停戦合意が事実上破綻し、隊員が戦闘に巻き込まれかねない事態が生じています。

　PKO活動における武器使用基準は次第に緩和され、2015（平成27）年の平和安全法制に伴う法改正により、宿営地の共同防護、駆けつけ警護、安全確保業務のための武器使用が可能となりました（国際平和協力法25・26条）。しかし、武器使用基準の緩和によって自衛隊員が戦闘に巻き込まれるリスクが高まることを懸念する意見もあります。

　なお、2009年の**海賊対処法**に基づき、船舶の航行の安全確保と国際海洋法条約の観点から、ソマリア沖・アデン湾の海賊行為に対処するために、海上自衛隊の護衛艦・哨戒機による監視活動が実施されています。2011（平成23）年にはジブチ国際空港に自衛隊（派遣海賊対処行動航空隊）の活動拠点が設置されています。

5　冷戦後の日米安保体制

　冷戦期の日米安保条約は、もっぱらソ連への対処を念頭に置いていました。しかし、冷戦終結後、**日米安保共同宣言**（1996年）によって、日米安保条約はその力点を「アジア太平洋地域の平和と安定の維持」に移していくことになります。この日米安保の再定義によって、1997（平成9）年には日米防衛協力の指針（ガイドライン）が改定され、ガイドライン関連法として、朝鮮半島等の

有事に備え、日本周辺で活動する米軍に自衛隊が後方支援を行う周辺事態法（1999年）が成立しました（2015年の平和安全法制に伴う法改正で**重要影響事態法**に移行）。また、有事法制として、2003（平成15）年に**武力攻撃事態対処法**等が、2004（平成16）年に**国民保護法**、米軍行動関連措置法、海上輸送規制法等が整備されました。2006（平成18）年に防衛庁は**防衛省**に昇格しています。

　2001（平成13）年の米同時多発テロをきっかけに、対テロ戦争の後方支援を行う**テロ対策特別措置法**が成立しました。同法に基づいて、海上自衛隊はインド洋上で米軍等の艦船に給油活動を実施しました。同法は2007（平成19）年に失効しましたが、**補給支援特別措置法**（2008年）によって継続されました（2010年に終了）。

　2003（平成15）年のイラク戦争後、イラクの「非戦闘地域」で人道復興支援活動等を行う**イラク復興支援特別措置法**（イラク特措法）(2003年）が成立しました。同法に基づいて、陸上自衛隊がイラクのサマーワに派遣され、現地で各種の支援活動を実施しました（2006年に終了）。航空自衛隊はクウェートを拠点に、バグダッドへの輸送任務に就きました（2008年に終了）。しかし、前掲自衛隊イラク派遣差止訴訟の名古屋高裁判決において、当時のバグダッドはイラク特措法のいう「戦闘地域」であり、多国籍軍の武装兵員を同地に輸送したことは、「他国による武力行使と一体化した行動であって、自らも武力の行使を行ったと評価を受けざるを得ない行動である」として、イラク特措法2条2項、同条3項に違反し、9条1項に違反する活動を含んでいると判断されています。

6　集団的自衛権をめぐる問題

　従来の政府見解では、いわゆる専守防衛の立場から、日本が直接の攻撃を受けていないにもかかわらず、日本の領域外で米国等の同盟国を実力で支援する**集団的自衛権**は認められないとされていました。しかし、安倍晋三内閣は、軍事技術の発展やテロ拡散等の「安全保障環境の変化」を理由に、政府見解を変更し、集団的自衛権を容認する閣議決定を行いました（2014年7月1日）。

　政府は、9条の下で許容される武力行使の新三要件として、①わが国に対する武力攻撃が発生したこと、またはわが国と密接な関係にある他国に対する武力攻撃が発生し、これによりわが国の存立が脅かされ、国民の生命、自由およ

び幸福追求の権利が根底から覆される明白な危険があること、②これを排除し、わが国の存立を全うし、国民を守るために他に適当な手段がないこと、③必要最小限度の実力行使にとどまるべきことをあげています。

　2015（平成27）年9月に、政府は、世論の根強い反対・懸念を押し切って、自衛隊法等の安全保障に関連する法律を一括改正する**平和安全整備法**と、国際平和共同対処事態に対処するために新規に制定された**国際平和支援法**からなる**平和安全法制**（新安保法制）を成立させました。

　平和安全法制によって、存立危機事態（自衛隊法76条1項2号）におけるホルムズ海峡での機雷掃海やアメリカを目標とする弾道ミサイルの迎撃、重要影響事態（重要影響事態法2条）における米軍等への地理的限定のない形での後方支援（作戦行動中の米軍機等への給油・整備、弾薬補給等）といった集団的自衛権の行使が可能となりました。しかし、憲法学者の多くは、これらの対応措置について、自らは直接武力を行使していないとしても、他国の軍事力行使に密接に関与するものであり、9条が禁止する「他国の武力行使との一体化」を招くとして強く批判しています。

　おわりに

　憲法を支える平和主義の重要性は誰もが認めるところです。しかし、9条の具体的な解釈をめぐって、いわゆる「非武装平和主義」を説く従来の有力学説と、「戦力」に至らざる「自衛力」の保持は禁止されていないとする政府見解が対立してきました。他方、最高裁は自衛隊や日米安保条約について明確な憲法判断を行っていない点に注意が必要です。

　ご清聴ありがとうございました。

┌─ 質疑応答の時間 ─
│　●最近の平和主義をめぐる議論
受講者：仮に9条が非武装平和主義を採用しているとして、もし日本が侵略された場合、どのような自衛措置が可能なのでしょうか？
鳳（おおとり）：そうですね。たとえば、長沼ナイキ事件の第1審判決は、いわゆる『武力なき自衛権』の立場から、外交交渉、警察力、群民蜂起、侵略国国民の財産没

収・国外追放をあげています。しかし、これらの手段が現実的にどこまで可能なのかは議論の余地があると思います。

受講者：多くの国民は９条改正に慎重でありながら、自衛隊の存在を認めるという、一見矛盾する態度をとっているように思います。今と昔で９条の意味は変化したのでしょうか？

鳳：憲法変遷論の立場から、国際情勢と国民の規範意識の変化により、９条の当初の意味が変化し、自衛のための戦力保持が可能となったとする議論（橋本公亘『日本国憲法〔改訂版〕』（有斐閣、1988年）438-440頁）もあります。しかし、最高裁は自衛隊について明確な憲法判断を行っていませんし、世論調査だけを根拠に法的意味での憲法の変遷が成立したと主張するのは無理があるように思われます。

受講者：近年、憲法学の立場から、非武装平和主義とは一線を画す有力な学説が主張されていると聞きました。その点を詳しくお聞かせください。

鳳：長谷部恭男先生の『穏和な平和主義』（長谷部恭男『憲法と平和を問いなおす』（筑摩書房、2004年）128-177頁）のことですね。長谷部先生は、パルチザン戦が敵味方の区別がつかない『際限なき地獄』を招きかねないこと、非暴力・不服従は相手の出方次第であること、個人の思想としてはともかく、絶対的平和主義を国の方針として国民に強制できないこと、世界警察・帝国は非現実的かつ望ましくもないことを理由に、何らかの自衛組織の存在を否定しない『穏和な平和主義』を真剣に検討する必要があると主張しています。

受講者：憲法と平和主義の関係を根本から問い直す長谷部説は大変示唆に富むのですが、９条の文言とは矛盾しないのでしょうか？

鳳：長谷部先生は、９条は『ある問題に対する答えを一義的に定める準則』ではなく、『答えをある特定の方向へと導く力として働くにとどまる原理』であり、９条の文言と『穏和な平和主義』は矛盾せず、憲法改正の必要も無いと述べています（長谷部171-174頁）。ただし、従来の有力学説からは、９条は準則ではないかとの批判がなされています（愛敬浩二『改憲問題』（筑摩書房、2006年）151-154頁等）。

受講者：法哲学者の井上達夫先生の『９条削除論』というのはどのような議論ですか？

鳳：井上先生は、『穏和な平和主義』は政府見解と同様の『解釈改憲』であると批判します。しかし、『非武装中立』を主張する従来の護憲派の主張も日米安

保体制を暗黙の前提としている点で欺瞞的であると指摘します。その上で、安全保障の問題を憲法に規定して固定化するのではなく、9条を削除し、民主的な決定に委ねる『9条削除論』を主張します。さらに、公平な負担という観点から、良心的兵役拒否権を含む徴兵制の導入を提言しています（井上達夫『リベラルのことは嫌いでも、リベラリズムは嫌いにならないでください』（毎日新聞出版、2015年）43-66頁）。

受講者：戦後日本の暗黙の前提だった『9条と日米安保体制のいいとこどり』はもはや難しいのではないでしょうか？　先生は今後の9条をめぐる議論についてどうお考えですか？

鳳：なかなか難しい質問ですね。今後、日本の安全保障環境の変化に伴い、9条をめぐる議論がいっそう活発化することは確実です。そのため、憲法学のみならず、法哲学や政治学等、各分野の知見をふまえた考察が必要になってくると思います。

第3講　国会って何するところ？

はじめに

本日の講座を担当させて頂きます鶴見でございます。本日は、国会って何を
するところなのかについて、話していきたいと思います。

普段、ニュースなどでは、国会議員の方々が居眠りをしていたり、野次を飛
ばしたりするシーンばかり目立ってしまい、「国庫から相当額の歳費を受ける」
（49条）にもかかわらず、どうしたものかと思われているかもしれません。し
かし、実際のところ、国会は、とても重要な役割を期待されています。本日
は、このあたりを確認できればと思います。

I　権力って分ければよいの？

さて、憲法は人権を保障するためにあるのですが、そのための統治機構の原
理として、**国民主権**の原理があります。普通、自分たちで自分たちの人権を侵
害しようとは思いませんから、国民主権が実現すれば、人権は保障されやすく
なります。しかし、国民の中にも多数派と少数派がいますし、少数派の中に
は、いろいろな事情をなかなか周りの人たちに理解してもらえない方々もいま
す。そうした人たちの人権は、国民主権の原理だけでは十分に保障されないか
もしれません。なぜなら、たとえ国民主権の原理に基づいた民主的な組織で
あったとしても、そこに権力が集中してしまうと、意識的か無意識のうちかは
ともかくとして、権力が濫用され、少数派の人権を侵害してしまうかもしれな
いからです。

そこで、国家権力を1つの機関に集中させるのではなく、国家権力の性質に
応じて複数に区別し、それらを異なる国家機関に担当させ、相互に「抑制と均
衡」を保たせることで、人権侵害を防ぐ原理が必要となります。それが権力分
立の原理です。この権力分立の原理のポイントは、たんに権力を分けて異なる

国家機関に担当させるだけではなく、相互に「抑制と均衡」を保たせることにあります。

　憲法では、様々な形で権力分立の原理が取り入れられていますが、その中でも、最も重要なものに「三権分立」があります。三権（立法、行政、司法）の具体的な関係は、それぞれの国の歴史的経緯によって様々です。また、行政権が肥大化する「**行政国家化**」、政党が国家意思の形成に重要な役割を果たす「**政党国家化**」、裁判所による違憲審査制の導入に伴う「**司法国家化**」などによって、権力のあり方や関係も変化してきており、それらのことをふまえて、現代的に再検討も必要だといわれています。

Ⅱ　国会って、どんなところ？

1　国民の代表機関

　そうしたことも念頭に置きながら、立法権を担う国会についてみていきましょう。

　日本国憲法では、国会の地位について3つのことを定めています。1つは、「**国民の代表機関**」だということです。すなわち、日本国憲法では、「日本国民は、正当に選挙された国会における代表者を通じて行動」（前文）するとされ、また、「両議院は、全国民を代表する選挙された議員でこれを組織する」（43条1項）とされています。

　しかし、この「全国民の代表」とはどういう意味なのかについて、いろいろと議論があります。1つには、**純粋代表**、あるいは**政治学的代表**という考え方で、特定の選挙民や支持母体の意思に拘束されずに（命令委任の禁止）、全国民の代表として自由に行動できるとするものです（**自由委任の原則**）。逆に、国会議員は支持母体等の意思に拘束されるべきで、もし国会議員が支持母体等の意思に反する場合にはリコールできるようにすべきとする立場もあります。現行法では、国会議員のリコール制度はありませんが、地方議会の議員等にはリコール制度があります。また、国民の意思と国会議員の意思の事実上の類似性を重視する社会学的代表という考え方や、直接民主制的要素を加味して、国会議員は国民の意思をできるだけ正確に反映、代弁すべきだとする半代表という

考え方もあります。

2　国権の最高機関

　国会の地位の2つ目として「国権の最高機関」というものがあります（41条）。これに関しても議論があります。すなわち、①国会が他の統治機関を指揮監督する「統括機関」とする考え方（統括機関説）、②国会が三権の総合調整機能を担うことを意味するとの考え方（総合調整機能説）、③国会が国政全般を注視して円滑な国政運営を図ることを意味するとの考え方（最高責任地位説）、④国会が「国民の代表機関」であると同時に（後述のように）「国の唯一の立法機関」であり、国政の中心的地位を占めていることを強調するための政治的美称にすぎず、「国権の最高機関」ということに法的な意味はないとする考え方（政治的美称説）です。また、総合調整機能説や最高責任地位説では、国会が「国権の最高機関」であることを根拠に、どの国家機関の権限なのか不明なものは国会のものだと推定するとしますが、政治的美称説でも国会が「国民の代表機関」であることから、同様の推定を認めています。

　「国民の代表機関」や「国権の最高機関」をどのように考えるかは、結局のところ、国会の役割や国会と国民との関係がどのようにあるべきかに関わる問題だと思われます。

3　国の唯一の立法機関

　国会の地位の3つ目として「国の唯一の立法機関」というものがあります（41条）。

　この「唯一」のは2つの意味があるとされています。1つは、一般的・抽象的な法規範を定めること（実質的意味での立法）は、憲法に特別の定めがある場合（議院規則や最高裁判所規則等）を除いて、国会にしか認められないという意味です（国会中心立法の原則）。そのため、行政機関が勝手に実質的意味での立法をすることは許されず、行政機関が実質的意味での立法を行う（行政立法）にあたっては、国会が制定する法律の委任が前提となります。

　2つ目の意味は、国会による立法、すなわち、法律の制定（形式的意味での立法）は、他の国家機関の関与なしに国会のみで可能であるという意味です（国

会単独立法の原則)。なお、このことは内閣が国会に法律案を提出することを否定するものではありません。ただし、ほとんどが内閣提出法案である現状を踏まえれば、国の唯一の立法機関である国会のあり方として、それが果たしてよいのかどうか、考えなければならないところだといえるでしょう。

Ⅲ　国会の組織と権限について

1　二院制

では、国会の組織はどのようになっているのでしょうか。

まず、国会は「**衆議院**」と「**参議院**」との**二院制**を採っています (42条)。通常、二院制は身分制をもつ国か連邦制の国で採用されますが、日本はいずれでもないにもかかわらず二院制を採用している点で、珍しいといえます。実際、マッカーサー草案では一院制となっていました。日本国憲法で二院制を採用した理由としては、議会の専制の防止、政府と議会との衝突の緩和、議会の軽率な行為や過誤の回避、民意の反映などがあげられます。しかし、明治憲法下での二院制とは異なり、日本国憲法下では両院の権限は対等ではなく、**衆議院の優越**が定められています。具体的には、日本国憲法で定められているものとして、①法律案の議決 (59条)、②**予算**の議決 (60条)、③条約の承認 (61条)、④内閣総理大臣の指名 (67条)、⑤内閣不信任決議 (69条) があります。その他、法律で定められているものとして、国会の臨時会や特別会の会期の決定 (国会法13条) があります。

こうした衆議院の優越に加えて、両院における政党構成が似通ることも多いため、参議院は衆議院のカーボン・コピーとの批判もあり、しばしば参議院の存在意義が問われています。

2　常会・臨時会・特別会

ところで、国会と一言にいっても、**常会** (通常国会)、**臨時会** (臨時国会)、**特別会** (特別国会) の3種類があります。

まず、常会ですが、年1回開かれるもので (52条)、**会期** (国会が開催されている期間) は1月から150日間です (国会法2条・10条)。しかし、実際には常会だ

けでは国会の仕事が終えることは難しく、臨時会が開かれます。これは内閣が必要に応じて召集するものですが、いずれかの議院の総議員の4分の1以上の要求があった場合には、内閣は臨時会を召集しなければなりません（53条）。また、衆議院議員の任期満了に伴う総選挙や参議院議員の通常選挙が行われた場合、新しい議員の任期が始まる日から30日以内にも召集されることになっています（国会法2条の3）。そして、特別会は、衆議院の解散総選挙後30日以内に開かれ（54条1項）、そこでは内閣総理大臣の指名などが行われます。ちなみに、内閣は、衆議院が解散しているときに、国に緊急の必要がある場合には、参議院のみによる「**緊急集会**」を求めることができます（54条2項）。ただし、参議院の緊急集会での措置は臨時のものであって、次の国会の開会後10日以内に衆議院の同意がなければ、その効力を失うことになっています（54条3項）。

　各議院の議事の定足数は総議員の3分の1以上であり（56条1項）、原則として出席議員の過半数（可否同数の場合には議長が決める）で決定します（56条2項）。なお、提案された議案が、その会期中に審議未了の場合には廃案となるのが原則ですが（国会法68条）、審議をしている議院の議決で継続審議にすることもできます（国会法68条ただし書）。

3　国会の権能と議院の権能

　では、こうした国会の権能についてみていきましょう。

　日本国憲法では、国会の権能として、①法律の制定（41条・59条）、②予算の議決（60条・86条）、③条約の承認（61条・73条3号）、④弾劾裁判所の設置（64条）、⑤内閣総理大臣の指名（67条）、⑥財政の監督（83条以下）、⑦憲法改正の発議（96条）を定めています。

　ここで少し注意しなければならないところは、②の予算の議決について、予算の作成・提出は内閣の権能であること、③の条約の承認について、条約の締結も内閣の権能であること、⑤の内閣総理大臣の指名について、内閣総理大臣の任命は天皇が行うこと、⑦の憲法改正の発議について、憲法改正そのものは国民の権利であることです。

　次に、各議院の権能をみていきましょう。

　1つは、**議院の自律権**です。すなわち、各議院は、それぞれ他の国家機関か

ら干渉を受けることなく、内部の組織や運営に関する決定ができます。日本国憲法では、①議員の資格争訟の裁判（55条）、②議長その他の役員の選任（58条1項）、③議員規則制定（58条2項）、④議員に対する懲罰権（58条2項）を定めています。

　2つ目には、**国政調査権**です（62条）。国会での証人喚問だとかが話題になることがありますが、それこそ、国政調査権の行使の1つなのです。つまり、各議院は、国政に関する調査を行い、必要に応じて承認の出頭や証言を求めたり、記録の提出を求めたりすることができるのです。

　この国政調査権に関しては、国会や議院に認められているその他の権能をきちんと行使できるようにするための補助的なものとする考え方（補助的権能説）と、国会や議院に認められているその他の権能とは独立した別個の権能であるとする考え方（独立権能説）とがあります。補助的権能説だと、国政調査権の行使はその他の権能の行使に必要な範囲に限定され、独立権能説では、そうした限定がなくなることになります。ただし、補助的権能説の立場であっても、国会の権能に法律の制定があり、かつ法律事項はそもそも広汎な範囲に及ぶものであるため、実質的な違いはあまり生じないとも考えられています。

　また、国政調査権については、少し視点を変えて、国民の知る権利のためのものとして位置づける考え方、公務員の政治的責任を追及するものとして位置づける考え方、政府に対する統制権として位置づける考え方もあります。

　国政調査権は、必ずしも悪いことをしたわけでもない一般人を強制的に国会に連れて来て証言させることができるものです。そのため、仮に実質的には違いが生じるものではなかったとしても、やはり、その性質や位置づけについては、憲法学として考えておかなければならないといえるでしょう。

　ちなみに明治憲法には国政調査権の規定がありませんでした。

　3つ目に、衆議院にだけ認められている権能として、**内閣不信任の決議**（69条）があります。もし衆議院で内閣不信任の決議案が可決（あるいは内閣信任の決議案が否決）された場合、内閣は10日以内に衆議院を解散するか総辞職をしなければなりません。なお、内閣は憲法上、連帯責任を負っている（66条3項）ため、69条にみられる法的効果が生じるものは、あくまで内閣全体に対する不信任決議の可決（あるいは内閣全体に対する信任決議の否決）となります。そのた

め、個別の国務大臣の問責決議も可能ではありますが、それに69条にみられる
ような法的効力は認められません。同じく参議院でも内閣に対する問責決議や
個別の国務大臣の問責決議を可決することができますが、それに法的効力は認
められません。ただし、それらの問責決議の可決に、政治的なインパクトが生
じることは十分に想定できると思われます。

　なお、国会の権能の１つである「**弾劾裁判所の設置**」と議院の権能の１つで
ある「**議員の資格争訟の裁判**」とは、**特別裁判所の設置の禁止**（76条２項）の
例外にあたります。

Ⅳ　国会議員の特権？

　このように国会や議院は、とても大切な役割を果たすものだということが分
かったと思います。そして、こうした国会や議院を構成する国会議員には、他
の人たちには認められない特権が憲法によって認められています。すなわち、
①**歳費特権**（49条）、②会期中の**不逮捕特権**（50条）、③議院での発言や表決に
ついての**免責特権**（51条）です。

1　歳費特権
　歳費特権とは、冒頭でも触れたように「国庫から相当額の歳費を受ける」と
いうもので、いいかえれば、国会議員にはそれなりに高い年収を保障するとい
うものです。これまでみてきたように、国会や議院の権能は重要なものであ
り、したがって、本来、国会議員の仕事もとても大変なものです。しかも、当
然のことですが、選挙で選ばれる国会議員は終身雇用制ではありませんので、
ある程度、不安定な仕事でもあります。そのため、ある程度の年収を保障しな
ければ、よほど生活に余裕のある人たちを除けば、国会議員のなり手がいなく
なってしまうかもしれません。国会議員の給与が高すぎると感じる方々も多い
でしょうが、それは国会議員がその歳費に似合った仕事をしていないようにみ
えるからであり、だからといって、国会議員の年収を下げれば、優秀で志もあ
る人たちが国会議員になろうとしなくなってしまいます。むしろ、私たちは、
相当額の歳費に相応しい人たちを国会議員として選ぶ努力をすべきではないで

しょうか。

2　不逮捕特権

　日本国憲法は、国会議員は「法律の定める場合を除いては、国会の会期中逮捕されず、会期前に逮捕された議員は、その議院の要求があれば、会期中これを釈放しなければならない」（50条）と定めています。このような不逮捕特権が認められる理由としては、①政府権力（警察や検察も含む）が国会議員の職務執行を妨げることを防ぐため、②議院の円滑な運営のため、の2つがあげられています。たとえば、もし、こうした不逮捕特権がなければ、政府にとって都合の悪い主張や追及をしようとする国会議員を政府が不当に逮捕することで、そうした国会議員の活動を妨げたり、あるいは、議院で審議されている議案のキー・パーソンである国会議員が逮捕されて議院に出席できなければ、議院の円滑な運営ができなくなったりして、結果として公益を著しく損なうかもしれません。こうした事態を防ぐために、国会議員の不逮捕特権が認められたというわけです。

　そのため、逮捕されず、あるいは釈放されるのは、あくまで国会の会期中に限られます。また、例外的に会期中でも逮捕できる場合として、「法律の定める場合」には、院外での現行犯逮捕の場合と議員の所属する議院の許諾がある場合の2つがあげられています（国会法33条・34条）。現行犯逮捕の場合は、不当逮捕の可能性が乏しいですし、また、議院の許諾がある場合は、議院の円滑な運営に支障がないと判断されたものと考えられるため、会期中に逮捕してもよいというわけです。

　なお、この不逮捕特権は、あくまで逮捕されない特権であり、起訴（刑事裁判に訴えること）を妨げるものではありません。そのため、国会の会期中であっても在宅起訴などは可能となります。したがって、国会議員だからといって、不逮捕特権によって罪を免れるわけではありません。

3　免責特権

　日本国憲法は、国会議員が所属する「議院で行った演説、討論又は表決について、院外で責任を問はれない」（51条）と定めています。このような免責特

権が認められる理由としては、議員の自由で活発な職務の執行を確保するためだと考えられています。仮に国会議員が法的責任を問われることばかり気にしていては、自由で活発な議論ができなくなるかもしれません。そうならないために、こうした免責特権が保障されているわけです。ここでいう責任には、民事責任（損害賠償など）や刑事責任（犯罪に問うなど）以外にも、弁護士としての懲戒処分なども含まれます。ただし、議院内での処分や政党としての処分は可能だとされています（もちろん、政治的な責任を問うこともできます）。なお、国会議員が所属する議院で行った演説などによって名誉毀損などの損害を受けた被害者がいた場合、国会議員個人の法的責任を問うことはできませんが、国家賠償法に基づいて国に損害賠償請求をする余地は認められています（最判平成9年9月9日民集51巻8号3850頁〔病院長自殺事件〕）。

　また、これらの国会議員に認められる特権は、あくまで国会議員の特権であり、地方議会の議員に類推されることはありません（最大判昭和42年5月24日刑集21巻4号505頁）。ちなみに国務大臣などにも、これらの特権は認められません。

V　国の財政について

1　財政民主主義

　次に、国の**財政**についてみていきます。

　国の財政は、国民の税金などの負担によるものですから、それは国民の重大な関心事であり、民主的なコントロールに従うべきものといえます。

　そこで、日本国憲法では、「国の財政を処理する権限は、国会の議決に基いて、これを行使しなければなない」（83条）とし、また、「国費を支出し、又は国が債務を負担するには、国会の議決に基くことを必要とする」（85条）としています。つまり、国会を通じて国の財政を民主的にコントロールしようというわけです。

2　租税法律主義

　また、「あらたに租税を課し、又は現行の租税を変更するには、法律又は法律の定める条件によることを必要とする」（84条）と定めています。これを

「租税法律主義」といいます。ここでいう租税とは、いわゆる税金のことです。

　イギリスで古くから主張されてきた「代表なければ課税なし」という言葉を聞いたことがある人も多いかもしれませんが、租税法律主義は、まさにこの「代表なくして課税なし」を具体化したものといえます。つまり、われわれが選挙で選んだ国会議員（代表）が法律を制定する（国会中心立法の原則）のですから、税金のことは法律または法律の定める条件によるということは、結局、われわれの代表である国会議員なしに、税金のことを政府が勝手に決めることはできないことを意味しているわけです。

　しかし、実際のところ、課税の対象などは行政機関が定める通達で変更されています。そのため、何だかおかしな気がしないでもないですが、判例は、あくまで法律の正しい解釈の範囲内で通達が行われている場合には租税法律主義に反しないとしています（最判昭和33年3月28日民集12巻4号624頁）。

3　予算と決算

　少し前にも触れましたが、国の予算の作成・提出は内閣が行い、国会は予算の議決を行うことになっています。その際に、国会は内閣が作成・提出した予算について減額修正または増額修正したうえで議決することも可能とされています。ただし、増額修正を否定する学説や、内閣の作成・提出した予算との同一性を失わせるほどの大幅な修正は認めらえないとする学説もあります。なお、予算が成立しなかった場合、明治憲法では前年度の予算が施行されることになっていましたが（明治憲法71条）、日本国憲法にはその種の規定がなく、財政法では暫定予算制が採用されています（財政法30条）。

　次に決算についてですが、日本国憲法では、「国の収入支出の決算は、すべて毎年会計検査院がこれを検査し、内閣は、次の年度に、その決算報告書とともに、これを国会に提出しなければならない」としています。もちろん、国会に提出すれば事足りるわけではなく、国会では、提出された決算を審議し議決することになります。ただし、その議決に法的効力はないとされています。

4　公金支出の禁止

　さて、以上のように国の財政は国会がコントロールするわけですが、しか

し、日本国憲法では、「公金その他の公の財産は、宗教上の組織若しくは団体の使用、便益若しくは維持のため、又は公の支配に属しない慈善、教育若しくは博愛の事業に対し、これを支出し、又はその利用に供してはならない」(89条)としています。つまり、公金等の支出を一定の場合に制限しているわけです。

　この規定の趣旨は、一見すると分かりにくいかもしれません。前半は、宗教団体などに公金などを支出してはならないということで、政教分離の原則の一部を述べているものといえます。問題は、後半部分ですが、慈善事業や教育事業、博愛事業に公金などを使うなとしています。普通、慈善事業や教育事業、博愛事業は良いものだと思われるのに、なぜ、公金などを支出してはいけないのでしょうか。

　理由は2つありますが、いずれもポイントは、「公の支配に属しない」ということです。1つには、私的な慈善事業などへの政府の不当な干渉を防ぐためです。公の支配に属しないで頑張っている私的な事業の意義は、政府の考え方や方針と異なっていたとしても自分たちの考えに従って事業を行うことにあると思われますが、いったん、お金の面で政府に頼ってしまうと政府のいいなりになりかねず、そうした事態を防ぐというわけです。2つ目の理由としては、公金支出の濫用の防止のためです。慈善事業や教育事業、博愛事業は、普通、良いことだと考えられるため、それらに公金を支出しようといわれた場合、なかなか事前にチェックがしにくいことが想定されます（支出しようとする意見を批判し難いため）。しかも、それらの事業が公の支配に属していなければ、事後のチェックもし難くなります（公の監督が及ばないため）。そのため、教育事業に公金が支出されているとばかり思っていたら、そのお金のほとんどがその事業の役員報酬に使われていて、しかも、その役員のほとんどが政府要人の家族だったりするかもしれません。こうした事態を防ぐためというわけです。

　ちなみに、この関係で、なぜ、私学助成（私立の学校への公金支出）は認められているのか、疑問をもつかもしれませんが、私立の学校であっても、監督官庁が一定の監督権をもっていることから、「公の支配に属しない」わけではないとされ、この規定に違反するものではないと考えられています。

おわりに

このように国会は、とても重要な役割を担っています。したがって、その国会を構成する国会議員を選挙で選ぶ際にも、ぜひ、いろいろと考えて、きちんと選んでいただければと思います。

ご清聴ありがとうございました。

質疑応答の時間

受講者：現実の政治では「政党」が重要な役割を果たしていると思うのですが、政党について、日本国憲法は何か定めているのですか。

鶴見：実は日本国憲法には政党に関する規定がありません。歴史的には、政党に対しては、敵視される段階、黙認される段階、法律で規定される段階、憲法で規定される段階があるといわれることもあります。それにしたがえば、日本の場合、法律で規定される段階だといえます。実際、日本国憲法に規定はないものの、国会法で定める「会派」の主たるものは政党ですし、公職選挙法や政治資金規正法には政党の文言がみられます。

受講者：関連しての質問ですが、外国の憲法には政党を規定しているものがあるのですか。

鶴見：たとえばドイツなどでは政党に関する規定があります。また、日本国憲法には政党の文言はありませんが、最高裁判決では、「憲法の定める議会制民主主義は政党を無視しては到底その円滑な運用を期待することはできないのであるから、憲法は、政党の存在を当然に予定している」と述べています（最大判昭和45年6月24日民集24巻6号625頁〔八幡製鉄事件〕）。

受講者：国会中継をみているときに、大きなひな壇型のホールのような場所と、大きめの部屋に椅子がたくさん並べてある場所があるのですが、それらは何ですか。

鶴見：ホールのようなところで行われるのが本会議で、椅子がたくさん並べてあって討論しているところで行われているのが委員会になります。日本国憲法では二院制を採用しているため、本会議も衆議院と参議院にそれぞれ1か所ずつあります。また、委員会も衆議院と参議院にそれぞれ複数（常にある常任委員会は17委員会ずつあり、その他に特別委員会が置かれる）あります。委員会は全員が参加するわけではなく、選出された国会議員で構成されることになります。そ

して、本会議の前に、それを扱うのに相応しい委員会で議案を審議し成否を判断する仕組みを委員会中心主義といいます。日本国憲法で委員会中心主義を規定しているわけではありませんが、戦後の日本では、委員会中心主義を採用しています。そのため、日本の政治をみる場合、委員会に注目することが大切となります。

　では、そろそろ時間ですので、本日の講座はこれで終わりたいと思います。

講師控室にて

●国政調査権のあり方

受講者：先ほど、鶴見先生の講座に出席していた者なのですが、少し質問があって来ました。宜しいでしょうか。

鶴見：もちろん、構いませんよ。

受講者：鶴見先生は国会の役割にいろいろと期待しているみたいですが、本当にうまくいくのでしょうか。権力分立の一角として、国会が政府に対して抑制と均衡を保つなんて、本当に可能なのでしょうか。

鶴見：可能性はあると考えています。日本のような議院内閣制では、権力分立は単に国会vs内閣というよりも、政府＋それを支える与党（議院内の多数派）vs議院内の少数派という構図として理解した方が適切かもしれません。そうだとすれば、議院内の多数派（つまり、政府側チーム）が政府に対する抑制と均衡を保つことは期待できないかもしれませんよね。でも、逆にいえば、議院内の少数派や個々の議員が活躍する機会を確保するのであれば、政府に対する抑制と均衡を保つことが期待できるかもしれないと考えています。

受講者：民主主義の国なのに、少数派に活躍させるなんてよいのですか。

鶴見：今日の講座で少し触れた国政調査権を「政府に対する統制権として位置づける考え方」は、まさにそうした考え方なんですよ。実際、国政調査権そのものではありませんが、衆議院規則で定められている予備的調査制度というものがあります。これは衆議院の調査局長や衆議院の法制局長が下調査を行うもので、官公署からの資料提出などの協力要請、関係者からの事情聴取などができます。この予備的調査に関しては、40人以上の衆議院議員の要請で可能となります。

受講者：じゃあ、この予備的調査制度を活用すれば、抑制と均衡がうまく保たれるのでしょうか。

鶴見：う〜ん……予備的調査制度の調査協力要請は官公署に限られていて、しか
　　も強制力もないですから。やはり、対象も広くて強制力を伴う国政調査権その
　　ものを議院内少数派の権限としてとらえ直す必要がある気がしています。

受講者：なるほど。

鶴見：その際には、ドイツや外国の制度なんかも参考にするとよいかもしれませ
　　んね。あと、権力分立そのものからは離れてしまいますが、人権保障という視
　　点から、もう少しふみ込んで考えるなら、議院内の少数派の権限の話だけでな
　　く、議院外、つまり、社会でのマイノリティのことも含めて考えなければなら
　　ないと思っています。議院内の少数派と社会でのマイノリティは、必ずしも一
　　致しているわけではありませんからね。

第4講　内閣にとって法は首輪？それとも道具？

はじめに

本日の講座を担当いたします、鳥埜です。

本日のお話は、内閣って本当は何をしているところ？と題して「行政権」と「内閣」についてお話ししようと思います。内閣は、国会・裁判所と並んで、小学生でも知っていることばです。それは、おそらく社会科で、**三権分立**（権力分立）のうちの1つとして他の二権と対等な関係にあり、話し合いで政治の道筋を決める合議体で、複数の大臣がいて、一番偉い人が**内閣総理大臣**（首相）と呼ばれているなどと習っているからです。つまり、全国民が知っているといっても過言ではない、この内閣ですが、実際のところはどうなのでしょう。たとえば、話し合いで政治を決めるわけですが、まとまらなかったらどうするのでしょう。その話はそれまでなのでしょうか。大事な政治の話なのに……。ここでは、そんな素朴な疑問に答えられるように、憲法の規定から、内閣の基本的な構造を解き明かしていこうと思います。

I　行政権って実はオールラウンダー？

1　控除説

日本は国家作用を立法・行政・司法に分け、それぞれ国会・内閣・裁判所に帰属させる権力分立制を採っています。そして、65条は「行政権は内閣に属する」と規定し、内閣を行政権の帰属主体と位置づけています。では、行政権の行政とは何でしょう。安心安全な国民生活を守る警察や消防の活動でしょうか。社会的弱者を保護する活動でしょうか。日本の貿易を円滑にする外交活動でしょうか。将来を担う子どもたちへの教育活動でしょうか。

現在、行政とは国家作用のうち、立法・司法を除いた残りの一切の作用が行政であるとする**控除説**（消極説）が通説とされています。つまり、上記の諸活

動はすべて含まれることになります。さらに、上記以外にも経済、産業、教育、医療、環境、財政、防衛分野など行政の活動は多岐にわたり、また、その規模も国家レベルの活動から一個人を対象とするような活動まで様々です。しかも、時代ごとの国家の形態や国民の需要によって、その射程の広狭が変化します。国民が国家に多くを要求すれば必然的に行政は肥大化していき、権力分立の均衡を崩すことも起こりえるのです。もちろん、所属の明らかでない作用すべてを行政とすることに疑義を持ち、行政権の役割を積極的に定義していこうとする説（積極説）も唱えられています。しかし、めまぐるしく変化する複雑多様な現代社会において、国民が個々に対処しうる事象には限界があり、結果、国家に対する要求が減少することは考えにくいわけです。積極説に立つと、これらの要求への対応が困難あるいは手遅れになるなどの批判が強く、有力説にとどまっています。

　行政権は、これらの行政活動に対する国家の権能（権限）であるといえます。憲法は、この行政権が内閣の下にあることを明言しているわけです。もっとも、内閣がすべての行政権を行使するのではなく、行政各部にその役割を分担させ、その行政各部に内閣の指揮監督が及ぶことで足りると考えられています。

2　国家行政組織

　1で述べたように、行政権は控除説に基づき多くの国家作用を担っています。また、73条他で内閣が行う行政の事務が規定され、さらに72条は内閣の指揮監督権に服する下級行政機関の存在を「行政各部」という言葉で肯定しています。この行政機関の具体的な設置内容については、憲法ではなく、国家行政組織法、内閣府設置法、国土交通省設置法や復興庁設置法などの各省庁設置法、運輸安全委員会設置法や原子力規制委員会設置法などの各委員会設置法など、個別法によって規定されています。この行政組織ですが、内閣機能の強化と省庁の再編を主な目的とした中央省庁改革関連法（2001年施行）によって、他省より一段高い位置から政府内の政策の統合調整をする機能を持つ**内閣府**が新設され、それまでの総理府が廃止されました。また省庁については、関係性の高い省庁を統合することで1府22省庁あったものが1府12省庁へとスリム化

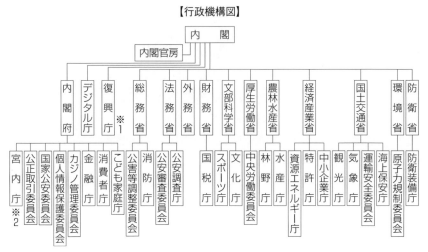

【行政機構図】

内　閣

内閣官房

内閣府　デジタル庁　復興庁 ※1　総務省　法務省　外務省　財務省　文部科学省　厚生労働省　農林水産省　経済産業省　国土交通省　環境省　防衛省

宮内庁 ※2　公正取引委員会　国家公安委員会　個人情報保護委員会　カジノ管理委員会　金融庁　消費者庁　こども家庭庁　公害等調整委員会　消防庁　公安審査委員会　公安調査庁　国税庁　スポーツ庁　文化庁　中央労働委員会　林野庁　水産庁　資源エネルギー庁　特許庁　中小企業庁　観光庁　気象庁　運輸安全委員会　海上保安庁　原子力規制委員会　防衛装備庁

＊1　内閣官房とともに、各省よりも一段高い立場から、復興に関する施策の総合調整を行います。
＊2　内閣府に置かれていますが、外局ではありません。

(2024年11月現在)

が図られました。その後、防衛庁が省に昇格し、東日本大震災後の2012年2月には、内閣総理大臣が長（内閣法にいう主任大臣）を務める復興庁（別に復興大臣として国務大臣がいます。）が設置され、その他にも各省の外局の新設・廃止がありました。なお、復興庁については、その任務の特殊性から2021（令和3）年3月末までの廃止が予定されていましたが、2019年12月、設置期限を10年間延期し2031年3月末までとする閣議決定がなされました。2019年現在の政府は上図の通りです。

3　行政委員会

　数多く存在する行政機関の中には、その職務の内容から、内閣の指揮監督を受けずに独立してその職務を行う機関が存在します。人事院、公正取引委員会、国家公安委員会など、主に政治的中立性や専門技術性が要求される分野にみられる、これらの機関を**行政委員会**と呼びます。もちろん、完全に独立しているわけではなく、内閣や各大臣の所轄の下に存在するのですが、行政委員会の構成員には強い身分保障があり、その職務に係る権限行使についての独立性が認められています。また、行政委員会の権能には、公害等調整委員会が公害

問題に関わる紛争を調停や裁定という形で解決するような準司法的役割、あるいは人事院が国家公務員の人事管理のために人事院規則を制定するような準立法的役割もあります。この行政委員会の存在については、65条に対する合憲性や権力分立に反しないのかといった疑問も生じます。これについて学説は合憲であるとするのが大勢です。その理由としては、①65条の規定はすべての行政について内閣の指揮監督を求めるものではないこと、②内閣による委員の任命権や予算権によって統制されること、③法律に基づいて設置されており、国政調査権などにより国会による民主的統制を受けること、④人事や警察などはその性質から政治的中立性が強く求められることなど諸説あります。

　なお、下級審判決ですが、人事院の存在が憲法違反として争われた事件で、福井地裁（福井地判昭和27年9月6日行集3巻9号1823頁）は、41条の立法権および76条の司法権と65条の行政権の規定を比較して、行政権については他の2権と異なり内閣への限定が謳われていないことから、法律によって内閣以外の機関にその権限の行使を委ねることを憲法も容認しているとしました。本事件を簡単に紹介しておきます。Xは、1949年3月に建設省近畿地方建設局敦賀工事事務所に技術補助員として採用されました。Xは建設現場で働いていましたが、翌年7月より労働組合の副執行委員長に選任されて、もっぱら組合事務に従事するようになりました。Xの任命権者であった工事事務所の所長Yは、同年11月にXに対する解職処分を行いましたが、その際、Xが当時の人事院規則8-7にいう非常勤職員にあたるとして、免職に対する説明書を交付しませんでした。そこで、Xらが人事院規則は憲法違反の無効なものであり、それに基づく解職処分は不法であるとして取消しを求めました。ここでは、国家公務員に対する人事行政を専権的に扱える人事院の合憲性が争われました。

　まず、人事院について少し説明します。国家公務員法に基づいて設置され、構成員となる人事官には手厚い身分保障、さらに、人事行政について内閣の承認を経ずに人事院規則を制定する権限が与えられた高い独立性を有する行政委員会です。そして、人事院の存立については学説の大勢が合憲説を取っており、その理由については上記のとおりです。

　福井地裁は、おおむねそれらの見解に立って、「65条が単に行政権は、内閣に属すると規定して、立法権や司法権の場合のように限定的な定め方をしてい

ないことに徴すれば、行政権については憲法自身の規定によらなくても法律の定めるところにより内閣以外の機関にこれを行わせることを憲法が認容しているものと解せられ」るとして行政委員会の合憲性を認めました。その上で、「内閣以外の独立の行政機関の存在」は「飽く迄例外的なもので、或行政を内閣以外の国家機関に委ねることが憲法の根本原則に反せず、且つ国家目的から考えて必要とする場合にのみ許される」として、行政委員会の特殊性や限定的存在であることを確認しました。さらに、人事院については、国家公務員が、内閣を構成する政党によって一部の奉仕者となることを阻止し、全体の奉仕者であり続けるために、内閣と国家公務員の間の独立機関として人事行政を担うべき目的によって存在しているとしました。

II 議院と内閣、本当はどっちが強い？

1 議院内閣制

　議院内閣制とは、イギリスで発達した統治制度です。議会（立法府）と内閣（行政府）を分立させ、内閣の存立には議会、特に下院（日本では衆議院）の信任を得ることを必須条件とします。憲法は、この議院内閣制を採用し、内閣の成立と存続を国民の意思に委ねています。その根拠として、①内閣が国会に対して連帯して責任を負うこと（66条3項）、②内閣総理大臣は国会議員の中から国会の議決で指名すること（67条1項）、③国務大臣の過半数が国会議員であること（68条）、④衆議院で内閣不信任決議がなされたときなどには内閣総辞職か衆議院の解散かのいずれかをとらなければならないこと（69条）などをあげることができます。すなわち、国民の民主的コントロールのおよぶ国会を通じて、内閣の成立と存続が図られているといえます。

2 内閣の責任

　明治憲法では、国務大臣が単独で天皇に対して責任を負っていましたが、現行憲法は、内閣が、行政権の行使について、国会に対して連帯して責任を負う（66条3項）と規定しています。内閣が議会に対して責任を負うことから、議院内閣制を責任内閣制と呼ぶこともあります。もっとも、内閣が負う責任は、あ

くまで政治責任であって法的責任ではありません。

3　衆議院の解散

　憲法は、**衆議院の解散**制度を規定しています。解散とは、任期満了前に国会議員の資格を喪失させることを意味します。衆議院の解散は、その後の総選挙を通じて、国民の意思を政治に反映させることができ、民主主義の実現においてとても重要なものです。

　ただ、憲法は内閣の解散権を明記していません。7 条 3 号は、天皇の国事行為として衆議院の解散を規定していますが、もちろん、現在の天皇は象徴であって、実際に解散権を行使することを意味しているわけではありません。69 条は衆議院の内閣不信任決議に対する解散を規定していますが、あくまで不信任決議が可決あるいは信任決議の否決がなされた場合の対抗措置としてのものであって、内閣の権限としての解散権を意味するものではありません。このため内閣の解散について、69 条による解散権に限定されるべきである、国会と内閣の権力バランスを保つために議院内閣制の本質として解散権が備わっている、といった解散権をめぐる論争が繰り広げられたこともありました。現在では、7 条 3 号の国事行為の実質的な決定を行うのが内閣であると考えることで、内閣に実質的な解散権が存在するという説が有力です。

Ⅲ　内閣ってどんな組織？

　66 条は、内閣を「その首長たる内閣総理大臣及びその他の国務大臣」で組織される合議体であるとし、その構成員は「すべて**文民**でなければならない」と規定しています。また、国務大臣の過半数が国会議員であることが、内閣の構成・存続要件となっています。

1　文　　民

　憲法のいう「文民」とは、もちろん「軍人」でない者を指します。現在では 9 条によって、軍人は存在しないことになっていますが、実質的な職業軍人ともいえる自衛隊員をどのように取り扱えばよいのか議論されています。詳細は

第2講に譲りますが、自衛隊の位置づけいかんによっては、この文民統制（シビリアン‐コントロール）は軍事力の暴走を抑止しうる機能として、とても重要な意味を持ってきます。

2　内閣総理大臣

内閣総理大臣は、国会議員の中から国会の指名に基づいて、天皇によって任命されることになっています。明治憲法では、「同輩中の首席」にすぎず、他の国務大臣と対等な地位にあって、国務大臣への任免権もありませんでした。現在では、内閣の首長として内閣を統括し代表する地位にあり、内閣を代表して議案を国会に提出し、行政各部を指揮監督する権限を与えられています（66条1項・72条）。また、国務大臣の任命・罷免権も認められ、首長としての地位が強化されました（68条）。この内閣総理大臣の地位ですが、国会議員であることが求められます（67条1項）。国会議員の地位を喪失した場合、内閣総理大臣の地位も失うことになります。もっとも、不要な政治的混乱を避けるため、新たな内閣総理大臣が任命されるまでは、引き続きその職務を行うことになります（71条）。

なお、上記の内閣総理大臣の指揮監督権について最高裁判所（大法廷）は、ロッキード事件丸紅ルート（最大判平成7年2月22日刑集49巻2号1頁）で、各省大臣に指導等の指示を与える権限を内閣総理大臣の職務権限であるとしました。本事件の概要は次のとおりです。1972（昭和47）年8月、アメリカのロッキード社の販売代理店であった丸紅の社長らが、当時の内閣総理大臣に対して、ロッキード社製航空機の全日空への販売の協力を要請しました。この協力については成功報酬として現金5億円の供与が約束され、実際に全日空が航空機の購入を決定した後に金銭授受が行われました。この件につき、東京地検は関係者を贈収賄罪等で起訴しました。ここで、内閣総理大臣に対する収賄罪の成立要件として、内閣総理大臣が運輸大臣に対して、全日空に航空機の購入を勧めるよう働きかけたことが職務権限の行使にあたるのかが争われました。

従来の考え方では、内閣が合議体であること（65条）、72条の「内閣を代表して」という要件が行政各部への指揮監督権にも及ぶという解釈により、行政各部への指揮監督権は、内閣総理大臣単独の権限ではなく、内閣の意思による

ものとされていました。また、内閣法6条の「閣議にかけて決定した方針に基いて、行政各部を指揮監督する」という文言も、それを確認していると考えられていました。第1審・原審はともに、閣議決定の「方針」が一般的・基本的な大枠で足りるとして要件こそ緩和したものの、この見解に従ったものでした。しかし、最高裁は、「閣議にかけて決定した方針が存在しない場合においても」、「内閣総理大臣は、少なくとも、内閣の明示の意思に反しない限り、行政各部に対し、随時、その所握事務について一定の方向で処理するよう指導、助言等の指示を与える権限を有するもの」とし、運輸大臣への働きかけを「内閣総理大臣の指示として、職務権限に属することは否定できない」としました。

3　国務大臣

国務大臣の人数は、内閣法2条2項によって14人以内（特別に必要がある場合には、最大で17人まで認められる）とされています。国務大臣は内閣の構成員であると同時に各省庁の大臣となるのが通例ですが、いずれにも属さない無任所の大臣がいたとしても構いません。また、省庁以外でも内閣官房長官や国家公安委員長も国務大臣が担当することになっています。

4　内閣の総辞職

内閣はいつでも自らの判断で総辞職することができます。それ以外にも、憲法は、①衆議院で内閣不信任決議がなされ、または信任決議の否決がなされ、10日以内に内閣が衆議院の解散をしなかった場合、②内閣総理大臣が欠けた場合（この欠けた場合とは、内閣総理大臣が、死亡した場合、自ら辞職した場合、資格を喪失した場合などです。病気や生死不明の場合は該当しません。）、③衆議院議員総選挙後に新国会が召集された場合に総辞職すると規定しています。

なお、内閣は総辞職した後も、新たな内閣総理大臣が任命されるまでは、引き続きその職務を行うことになります。

Ⅳ 内閣の仕事って何？

1 内閣の権限

内閣は、一般行政事務の他に、主要な行政事務として、73条所定の事務（以下の①～⑦）を行います。また、一般行政事務や73条各号以外にも、天皇の国事行為に関する事務や国会に関する事務、裁判所に関する事務、財政に関する事務（⑧～⑪）など、広汎多岐にわたって行政権を行使します。

①法律の誠実な執行と国務の総理　　この誠実な執行とは、行政の活動が法律に従って行われることを明確にしたもので、「**法律による行政の原理**」と呼ばれます。仮に、内閣が当該法律に納得していなかったとしても、法律の執行を拒むことはできないことを意味します。また、違憲の疑いのある法律であっても、最高裁判所によって違憲判決が下されない限りは、法律を執行しなければならないと考えられています。

②外交関係の処理　　外交関係の処理とは、まさに外交交渉、全権委任状や大使・公使の信任状の発行、外交文書の発行などです。日常一般の事務は外務大臣が処理することになっています。

③条約の締結　　**条約**とは、国家間の取り決め（合意）を文書にしたもので、その締結には当事国の調印（署名）と内閣による批准が必要です。国家間の取り決めとはいえ、当事国の国民の権利義務に大きな影響を及ぼすことも考えられます。そこで、民主的統制（コントロール）を働かせるために、原則は国会による事前の承認を、やむ得ない場合でも事後の承認が必要であるとされます。

なお、条約の多くは、締結後に国内法を整備することで、国内において効力を発することになります。

④官吏に関する事務の掌理　　正確には、法律の定める基準に従って、官吏に関する事務を掌理することと規定されているのですが、耳慣れない言葉が出てきます。まず、「官吏」とは、明治憲法下で「天皇の使用人」とされていましたが、現在では一般職に携わる国家公務員であると考えられています。また、「掌理」とは一定の事務を掌握し、それを円滑に処理することを意味しま

す。なお、この「法律」とは国家公務員法を指します。同法は、内閣の所轄の下に人事院を置くことを定め、人事行政に関する権限を委ねていますので、実際に国家公務員の人事に関する事務処理は人事院によって行われています。

　また、2008年に国家公務員制度改革基本法が制定され、縦割り行政の弊害を排除し、官邸主導での重要政策の推進をはかることを目的として、内閣官房に内閣人事局が設置されることになりました（実際の設置は2014年です。）国家公務員の人事管理に関する戦略的中枢機能を担う組織として、関連する制度の企画立案、方針決定、運用を一体的に担う内閣人事局は、主に、国家公務員の人事行政、行政機関の機構・定員管理や級別定数等に関する事務、幹部職員人事の一元管理を行うことになりました。特に、幹部職員人事については、従来の局長級約200人から審議官級以上の約600人に拡大されることになり、政治主導の人事体制になったといえます。

　⑤予算の作成と国会への提出　　予算の作成とは、一会計年度における収入・支出（歳入・歳出）の計画を立てることです。また、国会の議決を経ないと予算の執行はできません。この予算の審議には、衆議院に先議権と議決に対する衆議院の優越が認められています。

　さらに、予算の適正な執行を担保するために、内閣は決算を作成し、会計検査院による検査を受けて、次年度にはそれを国会に報告する義務を負っています。

　⑥政令の制定　　行政機関も法規範を定立することができ、これを一般に**命令**と呼びます。この命令のうち、内閣が制定するものが政令で、命令の中で最高位にあたります。命令には他に、内閣府が制定する府令、各省が制定する省令などがあります。また、命令はその性質から、法律によって委任された事項を具体的に定める**委任命令**と、法律の規定を執行するための細目を定める執行命令とに分類することができます。特に、委任命令は、直接、国民の権利義務関係に変動を及ぼすため、法律による個別具体的な委任が必要で、いわゆる白紙・包括的な委任は認められません。また、刑罰を命令で制定することも可能ですが、**罪刑法定主義**の観点から、具体的な委任が必要とされます。

　⑦恩赦の決定　　恩赦とは、訴訟法の手続によらず、刑の言い渡しの効果の全部または一部を、または公訴権を消滅させることです。恩赦とは総称で、実

際には、大赦、特赦、減刑、刑の執行の免除、復権の5種類あります。また、恩赦の対象によって分類することもでき、政令で罪の種類を定める一般恩赦と、特定の者に行う特別恩赦とがあります。

2019年の天皇即位によってクローズアップされた恩赦ですが、「即位礼正殿の儀」に合わせ政令の公布・執行により約55万人がその対象となりました。1990年に行われた現上皇の天皇即位時の恩赦では約250万人が対象でしたので、4分の1以下になっています。この恩赦について、法務省は「有罪の言渡しを受けた人々にとって更生の励みともなるもので、再犯防止の効果も期待でき、犯罪のない安全な社会を維持するために重要な役割を果たしている」としています。その一方で、国民感情、特に犯罪被害者やその遺族の心情等への配慮から、政令による一般恩赦を、罰金刑のみ、かつ、刑の執行終了または執行免除から2019年10月22日の前日までに3年以上を経過している者の「復権」のみに限定しました。

なお、恩赦の内容については恩赦法に規定されており、2019年に実施された「復権」とは、有罪の言渡しにより、資格を喪失・停止された者の資格を回復させる効果を持つものです。

⑧天皇の国事行為に関する事務　天皇の国事行為に対する助言と承認（3条・7条）を行います。

⑨国会に関する事務　国会の**臨時会の召集**（53条）、**参議院の緊急集会の要請**（54条2項）、**衆議院の解散**（69条）などを行います。憲法上、衆議院の解散は天皇の国事行為（7条3号）ですが、上記のように天皇の国事行為には内閣の**助言と承認**が必要であり、実質的には内閣の決定で行われています。

⑩裁判所に関する事務　**最高裁判所長官の指名**（6条2項）、長官以外の裁判官の任命（79条1項）を行います。最高裁長官の憲法上の任命権者は天皇ですが、現在の象徴天皇制の下では、内閣の指名した者を任命する形式的な任命権ですので、実質的に長官を決定しているのは内閣ということができます。

⑪財政に関する事務　予見するのが難しい予算不足に充てるため予備費の支出（87条1項）ができます。この予備費も予算同様に国会の議決を必要とし、支出後には国会の承諾を得ることになっています。また、国会への決算の提出（90条1項）、国会および国民への財務状況の報告（91条）が義務づけられ

ています。

2　権限の行使

　内閣法4条によると、内閣がその職権を行うには**閣議**が必要であり、閣議は内閣総理大臣が主宰します。閣議の議事は、構成員の自由な意見交換を実現するために非公開とされています。閣議決定については、多数決で足りるとする考えもありますが、慣行として全員一致が求められます。また、長らく閣議の内容について公式の議事録は作成されていませんでしたが、第二次安倍内閣において、2014年4月より議事録を作成・公表することが決定され、閣議からおおむね3週間後に首相官邸ホームページにおいて公開されています。

おわりに

　いかがでしたか。すでに知っていることも多かったと思いますが、新たな発見、思い出されたこともあったでしょうか。最近、連続2期6年までとされていた自民党総裁の任期が連続3期9年までに延長されました。これはあくまで1つの政党の長の任期ですが、上述しましたように、内閣総理大臣の指名は国会によってなされるわけですから、自民党が与党として強い勢力を保持し続けたことで、安倍晋三内閣総理大臣は憲政史上最長政権を打ち立てました。近年の行政改革もそうですが、内閣機能の強化の動きは、それまでの縦割行政や決められない政治への根強い国民不信を払拭する上でたしかに有効な手法なのかもしれません。しかし、内閣一権の強化が他の二権に及ぼす影響、極端な例でいうと、暴走した場合の抑止力を他の二権は有しているのか、また、それは本当に機能するのかといった問題が生じます。憲法が内閣に与えた権限とその限界、他の二権とのバランスの意義を熟慮し、必要があれば、二権の内閣への抑止力も強化すべきかもしれません。

　ご清聴ありがとうございました。

───　質疑応答の時間　───

　受講者：内閣の機能強化について触れられていましたが、近年、物議をかもす国
　　務大臣が散見されます。内閣総理大臣に国務大臣の任免・罷免権が与えられて

いるのは分かりましたが、内閣総理大臣がその権限を行使しない場合、大臣はその地位を追われることはないのでしょうか。

烏埜：そうですね。罷免されなければ、自ら辞職しない限り、大臣の地位に留まり続けることができることになります。

　また、今回お話しませんでしたが、憲法は内閣総理大臣の権限として国務大臣の訴追同意権を認めています。75条は、「国務大臣は、その在任中、内閣総理大臣の同意がなければ、訴追されない。但し、これがため、訴追の権利は、害されない」と規定しています。これは、仮に、在任中の国務大臣の犯罪行為が明らかになった場合でも、内閣総理大臣が同意しなければ、逮捕・勾留といった職務遂行の妨げとなるような捜査や公訴の提起ができないことを意味するとされています。この規定は、内閣の一体性を確保し、検察権による内閣への不当な介入を阻止するためのものです。しかし、犯罪行為を見逃すことを意味するわけではなく、但書に、訴追の権利は害されないとあるのは、公訴の時効が停止し、国務大臣でなくなれば訴追が可能になると考えられています。

　この問題は、特に一大政党による政治体制の場合、国会による統制（各種委員会への召喚、内閣不信任決議案の提出など）も働きにくく、もとより裁判所は手を出せない領域です。しかし、わたしたち国民は世論や選挙を通じて、内閣総理大臣に権限行使を促すことは可能ですし、それこそが選挙権行使の意義であり国民主権の実現であるはずです。

第5講　裁判所の役割って何だろう？

はじめに

　本日の講座を担当いたします鸚鵡（かんじゃく）と申します。よろしくお願いいたします。本日私の方でお話しいたしますのは裁判所、**司法権**のお話です。前回前々回と立法権、行政権と三権のお話が続きましたが、本日が三権最後の項目となります。司法権についても立法権や行政権同様に多くの論点がありますし、また行政権や立法権と違う性格を持っていることもあります。本日はその司法権の基礎的な部分を全般的にお話ししていこうと思います。

I　司法権って何だろう？

1　司法権の概念

　講義の時は、新しいテーマについて話をするときは「○○ってなんだ？」というところからはじまることが多いのですが、本日もまずは「司法ってなんだ？」というところからはじめましょう。

　一般的に司法とは「具体的な争訟について、法を適用し、宣言することによって、これを裁定する国家の作用」であるとされています。この司法権を担当する国家機関が裁判所です。76条1項には「すべて司法権は、最高裁判所及び法律の定めるところにより設置する下級裁判所に属する。」と定められています。ちなみに**大日本帝国憲法**（明治憲法）では57条で「司法権ハ天皇ノ名ニ於テ法律ニ依リ裁判所之ヲ行フ」と定めていて司法権は天皇に属する体裁をとっていましたが、日本国憲法では名実ともに裁判所に属することになりました。

2　司法権の範囲はどこまで？

　ところで、この司法権の範囲ですが、日本国憲法と明治憲法とでは異なって

きます。日本国憲法の範囲としてはまず刑事事件、これは犯罪を行ったとして起訴されている人物（被告人といいます）が本当に犯罪を行ったのか、本当に犯罪を行ったのであればどの程度の刑罰を科すべきか、について判断をする裁判ですね。それと民事裁判、これは貸したお金を返せとか被った損害を賠償しろ、といった私人間で起こったトラブルを解決する裁判です。最後に行政事件の裁判、これは行政官庁等の行為の適法性を争う裁判ですが、この３つが司法権に含まれます。ですが、明治憲法では最後の行政事件の裁判が通常の裁判所の管轄から外されていました。ということは、行政の活動についてなんらかの不当な被害を受けた人は、裁判を通じての救済を十分には受けられなかったということでもあるのです。

　日本国憲法の司法権として考えられるこれら３つの裁判は、みな異なる裁判手続が定められています（刑事訴訟法、民事訴訟法、行政事件訴訟法）。ですから、たとえば「民事裁判を起こしてあいつを刑務所送りにしてやろう」なんてことはできません。以前「利用料をお支払いいただけない場合、民事訴訟により懲役刑が科されます」という詐欺メールが届いたことがありますが、これもできない話ですね。

　さて、先ほど「具体的な争訟について……」とお話ししました。この具体的争訟を裁判所法３条では「**法律上の争訟**」と規定していますが、この「法律上の争訟」とされるには２つの要件をクリアしなければいけません。１つは「当事者間の具体的な法律関係ないし権利義務の存否に関する争いであること」、もう１つは「法令の適用により、終局的に解決できるものであること」です。これはどちらとも必要なもので、どちらかが欠けていても「法律上の争訟」とはなりません。たとえば「邪馬台国は九州なのか畿内なのかというような学説の対立」であるとか「誰かさんのケンカを第三者であるボクが裁判を起こして解決してあげようと思いました」といった類のものは「法律上の争訟」とは認められないわけです。実際の事例では警察予備隊が憲法違反だとして最高裁判所に直接訴えた**警察予備隊違憲訴訟**（最大判昭和27年10月8日民集6巻9号783頁）では、「わが裁判所が現行の制度上与えられているのは司法権を行う権限であり、そして司法権が発動するためには具体的な争訟事件が提起されることを必要とする」と述べており、訴えを却下しています。

　また、具体的な法律関係や権利義務関係についての争いであっても法令の適用により終局的に解決できないがゆえに訴えが退けられた事例もあります。**板まんだら事件**（最判昭和56年 4 月 7 日民集35巻 3 号443頁）と呼ばれる事件では、所属していた宗教団体に対して寄付を行った人物が、後に「本尊の板まんだらは偽物であった」として寄付金の返還を求めた裁判です。裁判所は、「本件訴訟は、具体的な権利義務ないし法律関係に関する紛争の形式をとっており、その結果信仰の対象の価値又は宗教上の教義に関する判断は請求の当否を決するについての前提問題であるにとどまるものとされてはいるが、本件訴訟の帰すうを左右する必要不可欠のものと認められ」、「本件訴訟の争点及び当事者の主張立証も右の判断に関するものがその核心となっていると認められることからすれば、結局本件訴訟は、その実質において法令の適用による終局的な解決の不可能なものであつて、裁判所法 3 条にいう法律上の争訟にあたらないものといわなければならない」と述べて、訴えを退けています。裁判所としては返還請求を認めるためにはその板まんだらが偽物であることが必要なわけですが、本物か偽物か、ということは宗教の核心部分に関わってくる事柄であり、それは法令を適用して解決できるものではない、と判断したわけですね。このように、 2 つの要件ともにクリアしていることが必要になってくるわけです。

3　司法権にも限界がある

　法律上の争訟に含まれるとしても裁判所が裁判の対象となしえない、というものも実はあります。

　まずは憲法自身が裁判所以外に裁判を任せているものです。これに該当するのが55条の「議員の資格争訟の裁判」と同じく64条の「裁判官の弾劾裁判」です。次に外国との関係など国際法に基づく例外として、国際法上の治外法権や条約による裁判権の制限があります。また、国会や各議院における自律権、つまり内部事項について自主的に決定できる権限ということですが、権力分立の観点からこれも裁判所の審査の対象とはなりません。立法や行政の自由裁量とされた行為も、法令の範囲内での行為ということであれば審査の対象外になります。その他に、直接国家統治の基本に関する高度に政治性のある国家行為も裁判の対象とはならないとされています。**統治行為**と呼ばれるものですが、高

度に政治的で裁判に馴染まず、選挙などを通じた主権者の意思表示によって決定することの方が望ましいと考えられるものです。最後に地方議会や大学、政党や労働組合などの団体の内部紛争も審査の対象にはならないとされています。それぞれの団体の自治を尊重し、純粋に内部事項の問題であれば自律的に運営されている団体内部で自主的に決定されるべきであって司法審査は控えるべきだということです。

　これらについては判例もあります。たとえば自律権に関する事例としては、**警察法改正無効事件**（最大判昭和37年3月7日民集16巻3号445頁）がありますが、国会の審議において議場混乱の中で可決された警察法の議決は無効ではないかが争われた事件です。最高裁判所は「両院において議決を経たものとされ適法な手続によって公布されている以上、裁判所は両院の自主性を尊重すべく同法制定の議事手続に関する所論のような事実を審理してその有効無効を判断すべきでない」と述べ、国会における議事手続の瑕疵について判断をしませんでした。

　また、統治行為に関しては、**苫米地事件**（最大判昭和35年6月8日民集14巻7号1206頁）が有名です。1952（昭和27）年、吉田内閣が憲法7条に基づいて衆議院を解散したことにより議員としての職を失った元衆議院議員が、任期満了までの職の確認と歳費の支給を訴えて争った事件です。最高裁判所は「直接国家統治の基本に関する高度に政治性のある国家行為のごときはたとえそれが法律上の争訟となり、これに対する有効無効の判断が法律上可能である場合であっても、かかる国家行為は裁判所の審査権の外にあり、その判断は主権者たる国民に対して政治的責任を負うところの政府、国会等の政治部門の判断に委され、最終的には国民の政治判断に委ねられているものと解すべきである」。「この司法権に対する制約は、結局、三権分立の原理に由来し、当該国家行為の高度の政治性、裁判所の司法機関としての性格、裁判に必然的に随伴する手続上の制約等にかんがみ、特定の明文による規定はないけれども、司法権の憲法上の本質に内在する制約と理解すべきものである」と述べています。

　団体内部事項の例はいろいろあるのですが、代表例として**富山大学事件**（最大判昭和53年3月15日民集31巻2号234頁）をあげておきましょう。富山大学の学生が受講していた科目の単位を認定されなかったことをめぐり、単位の不認定

は違法であるとして大学を相手に単位認定を求めた事件ですが、最高裁は「大学は、……一般市民社会とは異なる特殊な部分社会を形成しているのであるから、このような特殊な部分社会である大学における法律上の係争のすべてが当然に裁判所の司法審査の対象になるものではなく、一般市民法秩序と直接の関係を有しない内部的な問題は右司法審査の対象から除かれるべきものであることは、叙上説示の点に照らし、明らかというべきである」と述べています。ただ、一方で「単位授与（認定）行為は、他にそれが一般市民法秩序と直接の関係を有するものであることを肯認するに足りる特段の事情のない限り、純然たる大学内部の問題として大学の自主的、自律的な判断に委ねられるべきものであつて、裁判所の司法審査の対象にはならない」といういい方は、逆にいえば「特段の事情」がある場合には審査の対象となりうることを示唆しているともいえるでしょう。

Ⅱ　裁判所の組織や権限について確認しておきましょう

　この司法権は、76条 1 項で「すべて司法権は、最高裁判所及び法律の定めるところにより設置する下級裁判所に属する。」と定められています。憲法上、最高裁判所の設置が義務づけられ、東京に 1 か所設置されています。その他の下級裁判所については法律によって設置することが定められているわけですが、下級裁判所については裁判所法 2 条 1 項で「下級裁判所は、高等裁判所、地方裁判所、家庭裁判所及び簡易裁判所とする。」と定められており、高等裁判所は全国 8 か所（東京・大阪・名古屋・広島・福岡・仙台・札幌・高松）に、地方裁判所と家庭裁判所は都道府県ごと（北海道のみ札幌・函館・旭川・釧路）に全国50か所に、簡易裁判所は全国に400か所あまりに設置されています。

　事件は基本的に地方裁判所、高等裁判所、最高裁判所の順に上訴されます。これを三審制と呼びます。憲法上に定められているわけではありませんが、正しい裁判を実現するために必要な制度だとされているわけです。

　ところで、76条 1 項で司法権はすべて通常の裁判所が担うことになるため、2 項では「特別裁判所は、これを設置することができない。行政機関は、終審として裁判を行ふことができない。」と定めています。特別裁判所というのは

通常の裁判所から切り離されて独立した裁判組織をいいます。よく例としてあげられるのが昔の軍法会議ですね。もう一つの「行政機関が終審として裁判できない」というのは、行政機関は公正取引委員会の審決のように、時には裁判に類する行為を行うことがあるからで、行政の専門機関がまず判断を下すことが適切だというケースもあるのです。ですが、あくまで行政機関ですから、最終的には通常の裁判所への出訴が可能であればという条件で、その前段階での行政機関の裁判は禁止されていないということです。

　最高裁判所ですが、裁判所法5条で最高裁判所長官1人、その他の裁判官14人の計15人で構成されています（1項・3項）。最高裁判所長官は憲法6条に基づき内閣の指名に基づいて、天皇が任命します。その他の最高裁判所の裁判官は79条1項では内閣が任命し、7条5号により天皇が認証することになっています。権限としては、①上告および（訴訟法で特に定める）抗告についての裁判権、②違憲審査権、③最高裁判所規則の制定権、④下級裁判所裁判官の指名権、⑤司法行政監督権などがあります。

　法廷の数は大法廷1つと小法廷3つがあり、15人の裁判官は3つの小法廷のいずれかに所属し、大法廷は15人全員での合議体で審議されます。大法廷で審議するか小法廷で審議するかは最高裁判所が決めますが、裁判所法10条では大法廷で審議するよう定めているものもあります。具体的には法律、命令、規則または処分が憲法に適合するかしないかを判断するときや、過去に出された判例を変更するときなどです。

　下級裁判所の裁判官は、80条1項では最高裁判所の指名した者の名簿によって、内閣でこれを任命することになっています。任期は10年で、再任も可能です。

Ⅲ　司法権の独立って聞いたことがありますか？

1　司法権の独立って何でしょう？

「司法権の独立」という言葉は比較的なじみのある言葉ではないかと思います。中学校や高校の教科書でも出てくることがあるのではないでしょうか。裁判所は政治の世界からは切り離された国家機関であるだけに、政治の世界、立

法権や行政権から圧力を受けることが歴史的にみても多いわけです。しかし、裁判所の使命というのは公平な裁判を通じて国民の権利、人権を守ることであり、政治世界から干渉されてしまえば、本来守られるべき人の人権が守られなくなる危険性が高まります。そのようなことにならないよう、司法権の独立というのはとりわけ重要なものとして中学や高校の教科書にも登場してくるのでしょう。

　日本国憲法が司法権の独立として定めている内容としては、大きく２つあります。１つは司法権が立法権や行政権から独立しているということです。広義の司法権の独立、**司法府の独立**ともいわれます。多くの人が想像する司法権の独立がこれだと思います。ですがもう１つ、裁判官が裁判をするにあたって独立して職権を行使すること、これも司法権の独立の意味として重要です。**裁判官の独立**、ともいわれます。

　司法府の独立を確保するため、憲法上様々な規定が設けられているのですが、先ほど（Ⅱ）紹介した規則制定権や下級裁判所裁判官の指名権、78条の行政機関による裁判官の懲戒処分の禁止などはその例ですね。

　裁判官の独立としては76条３項がその核心といえるでしょう。裁判は法に基づいて行われます。法という客観的な物差しがあるがゆえに、裁判には信頼がおかれるのです。ですから憲法は、裁判官は憲法および法律にのみ拘束される、と定めているのです。それは立法権や行政権の指示や命令を受けないということはもとより、司法部内における指示や命令をも排除して、まさに独立して裁判を行うことを示しているのです。ちなみに、同項では「その良心に従ひ」と書かれています。この良心は、裁判官１人ひとりの良心ではなく、裁判官としての職業倫理としての意味だという考え方が一般的です。ですから、裁判官個人の思想を意味するものではなく、たとえば「夫婦はいったん結婚した以上、離婚すべきではない」という信念をもった裁判官であったとしても、法的に離婚事由に該当する事例であれば、離婚を認める判決を下す必要があることになります。

　その他、裁判官の身分保障としては78条で裁判官の罷免、つまり免職ですが、そのケースを限定しています。また、79条６項や80条２項では定期かつ相当額の報酬の保障と減額の禁止を定めています。これらも裁判官の独立にとっ

て必要なものといえるでしょう。

2　司法権の独立は守られてきた？

　司法権の独立と聞けば、おそらく多くの人が**大津事件**を思い起こされるのではないかと思います。1891（明治24）年、滋賀県大津市で起こったロシア皇太子に対する傷害事件で、時の政府は外交上の観点から法令の適用を歪めて死刑判決を下すよう圧力をかけてきたものの、今の最高裁判所にあたる大審院の院長である児島惟謙がこれに抵抗して担当判事を説得し、最終的に被告人に通常の法令を適用し今の無期懲役にあたる無期徒刑を言い渡しています。これによって近代国家への仲間入りをしたばかりのわが国にも三権分立への意識が高まったといえる事件ですが、たしかに政府からの干渉を排除したという意味では司法府の独立は守られたものの、児島惟謙が担当裁判官を説得する行為は裁判官の独立を侵害しているのではないか、という指摘もある事例ですね。

　日本国憲法の下での事例もいくつかあげられます。ある事件に対して浦和地裁が執行猶予付きの判決を下したところ、参議院の法務委員会が量刑は不当であるとする決議を行ったことがあります。これに対して最高裁は国政調査権の範囲を逸脱するとして抗議したという事件ですが、**浦和事件**と呼ばれる、国政調査権の限界の問題としても取り上げられる事件です。その他の事例では、朝鮮戦争に反対する労働者と警官隊が衝突した吹田騒擾事件の裁判にあたって、大阪地裁の担当判事が被告人らの法廷での黙祷行為を制止しなかったことで訴訟の指揮のあり方が問題となった事件があります。国会からは裁判官訴追委員会の喚問が決定され、最高裁からは「法廷の威信について」という通達を出されたりした事件で、**吹田黙祷事件**と呼ばれています。最後に、自衛隊の合憲性が問われた長沼ナイキ訴訟の地裁担当判事に対して、上司である所長より自衛隊の違憲判断を回避するよう示唆した書簡が渡された事件で、**平賀書簡事件**と呼ばれています。

　このように、日本国憲法の下でも、司法権の独立を脅かす事例というのは起こっているのですね。

Ⅳ　裁判への市民のかかわり方

1　裁判は公開される

　裁判が公正に行われることを確保するためには、裁判の重要な部分が公の目に触れる状態にしておく必要があります。隠れて裁判されてしまうと、本当に正しい手続で裁判が行われているか分かりませんし、そんなことでは裁判に対する信頼もできませんからね。82条は「裁判の対審及び判決は、公開法廷でこれを行ふ。」と定めていて、裁判を原則公開としています。対審というのは裁判官の面前で当事者が口頭でお互いの主張を述べることをいいます。もっとも、2項で例外的に対審は公開しないことができるとありますが、これにしても「政治犯罪、出版に関する犯罪又はこの憲法第三章で保障する国民の権利が問題となつてゐる事件」については対審でも必ず公開することが定められていますし、判決については2項の例外が該当せず公開しなければいけません。

2　刑事裁判に市民が参加する？

　よく耳にすることがある裁判員裁判、あれはどういうものなのでしょうか？**裁判員制度**というのは、国民が裁判員として刑事裁判に参加し、被告人が有罪かどうか、有罪である場合にどのような刑罰を科すのか、ということを裁判官と一緒に決める制度です。この制度では原則として有権者から選出された6人の裁判員が、3人の職業裁判官とともに判断を下すことになります。これはあくまでも刑事裁判のみであって民事裁判などには導入されていません。また、裁判員が参加するのも地方裁判所の1審のみであり、裁判員裁判の対象も殺人や強盗、傷害致死や放火といった死刑または無期の懲役・禁錮にあたる罪に関する事件や、故意の犯罪行為によって被害者を死亡させた罪に関する事件に限定されています。

　もともとこの制度は1999（平成11）年からの司法制度改革審議会の中で意見がまとめられたものでした。いくつかの柱があるのですが、そのうちの1つ「国民的基盤の確立」というところで裁判員制度の導入があげられていたわけです。2004（平成16）年には「裁判員の参加する刑事裁判に関する法律」が制

定され、5年後の2009（平成21）年より実施されました。「国民的基盤の確立」というタイトルからみても、この制度は国民が刑事裁判に参加することにより、裁判に対する関心を高め、ひいては司法に対する国民の信頼向上につなげていくことが期待されています。もっとも裁判への国民参加は裁判員制度が初めてというわけではありません。明治憲法の下での話ですが、1923（大正12）年に制定された陪審法という法律があり、短い期間ではあったのですが、陪審制が採用されていたのですね。戦争が激しくなったために同法は停止されたままになっており、裁判員制度はそれとは別のものとして採用されたわけです。

　この裁判員制度は憲法違反ではないかとして争われた事例があります。憲法上の規定の多岐にわたって違憲を主張したのですが、①憲法は裁判員が構成員となることを想定しておらず、裁判員が加わった裁判所は32条、37条1項に違反する、②裁判官が裁判員の判断に拘束されるため76条3項に違反する、③裁判員が参加する裁判は憲法が禁じる特別裁判所に該当する、④国民に対し根拠なき負担を強いる点で18条に違反する、といったところが主だった主張になるでしょう。これに対し最高裁判所は次のように述べ、憲法違反ではないと判示しました（最大判平成23年11月16日刑集65巻8号1285頁）。最高裁は、「国民の司法参加と適正な刑事裁判を実現するための諸原則とは、十分調和させることが可能であり、憲法上国民の司法参加がおよそ禁じられていると解すべき理由はなく、国民の司法参加に係る制度の合憲性は、具体的に設けられた制度が、適正な刑事裁判を実現するための諸原則に抵触するか否かによって決せられるべきものである。」「憲法は、一般的には国民の司法参加を許容しており、これを採用する場合には、上記の諸原則が確保されている限り、陪審制とするか参審制とするかを含め、その内容を立法政策に委ねていると解される」とこのように述べ、その上で①「下級裁判所については、国民の司法参加を禁じているとは解されない」、②「憲法が一般的に国民の司法参加を許容しており、裁判員法が憲法に適合するようにこれを法制化したものである以上、……裁判官が時に自らの意見と異なる結論に従わざるを得ない場合があるとしても、それは憲法に適合する法律に拘束される結果であるから、同項違反との評価を受ける余地はない」、③「高等裁判所への控訴及び最高裁判所への上告が認められており、……特別裁判所に当たらない」、④「裁判員の職務等は、司法権の行使に対す

る国民の参加という点で参政権と同様の権限を国民に付与するものであり、これを『苦役』ということは必ずしも適切ではない」、として主張を退けています。

V　憲法の番人としての裁判所

1　裁判所が憲法の番人であるということ

　みなさんは、「最高裁判所は憲法の番人である」ということを中学校あたりで習った記憶はありませんか。「憲法の番人」としての役割を最高裁判所が担っている、ということですが、なぜ最高裁判所が「憲法の番人」と呼ばれるのか。それはわが国の場合、法令や国家行為が憲法に適合しているかどうかについての最終的な決定権を持っているからです。このような権限を違憲審査権といいますが、日本国憲法は81条でこの**違憲審査制度**を定めています。

　法律や行政の活動などが憲法違反かどうかを審査する、というのは、これらが憲法で保障されている権利（基本的人権）を不当に侵害しかねない、という危惧があるからです。「議会が作った法律は常に私たちの味方だ、法律によって私たちは常に守られているんだ」とか、「行政の活動は常に正しいんだ」という考え方はどうも違うぞ、という理解は20世紀に入ってからの大きな特徴の１つです。日本の例でいえば治安維持法のように、法令が私たちの自由を奪っていくことはありうるのです。20世紀の後半、とりわけ第二次世界大戦以後の世界は、「法律で私たちの権利を守るんじゃない。法律から私たちの権利を守っていかなければいけないんだ」という考え方をするようなります。したがって、法律や政府の活動が本当に人権を保障している憲法に従っているかどうかを審査していかねばなりません。多くの国々で違憲審査制度が導入されるようになっていきます。「司法国家化」と呼ばれる動きです。わが国ではその役割を裁判所に担わせているわけです。

2　違憲審査制度いろいろ

　違憲審査制度が導入されることになったとしても、それぞれの国の事情によりそのあり方は変わってきます。大きく分けて特別に設けられた憲法裁判所

が、具体的な争訟に関係なく抽象的に違憲審査を行うという方式と、通常の司法裁判所が、具体的な訴訟事件を裁判するにあたっての前提として、その事件の解決に必要な範囲で違憲審査を行う方式です。前者を**抽象的違憲審査制**といい、代表的な例としてドイツがあげられます。後者を**付随的違憲審査制**とか具体的違憲審査制といい、こちらの代表例はアメリカです。

　日本の81条はどちらの制度を採用したものなのでしょうか。現在の通説・判例の立場では、81条の規定は付随的違憲審査制を定めたものであると考えています。81条は「第六章　司法」の章に定められていること、抽象的違憲審査制であるならば、それに必要な規定が憲法上あるはずなのに定められていないこと、などが主な理由です。

　この件が争われた事例というのが、本日のお話の最初の方でも触れました警察予備隊違憲訴訟です。この事件は最高裁判所に直接訴えを起こしていますが、それは最高裁判所が司法裁判所であると同時にドイツの憲法裁判所のように抽象的に違憲審査の権限を行使できると考えたからです。これに対し、最高裁判所は「我が裁判所は具体的な争訟事件が提起されないのに将来を予想して憲法及びその他の法律命令等の解釈に対し存在する疑義論争に関し抽象的な判断を下すごとき権限を行い得るものではない」。「最高裁判所は法律命令等に関し違憲審査権を有するが、この権限は司法権の範囲内において行使されるものであり、この点においては最高裁判所と下級裁判所との間に異るところはない」と述べて、憲法裁判所としての役割は否定しています。ちなみに、81条の規定はあくまでも違憲か否かの最終決定権を最高裁判所が有するということを定めているものといえますから、下級裁判所が違憲審査権を行使することを排除するものではないと考えられています。

3　違憲判決が出たら？

　日本の違憲審査制度が付随的違憲審査制度だとすると、あくまでも事件に「付随」した審査ですから、メインとなってくるのはその事件・紛争の解決です。したがって、裁判所が「憲法違反である」と判断しても、その効力はその事件に限定される、と考えられています。このような考えを**個別的効力説**と呼んでいます。あくまで法律の改正や廃止は立法権を行使する国会の仕事といえ

ますから、違憲判決で法律が廃止されるような効力を持たせることは妥当ではないと考えられるわけです。

　とはいえ、裁判所が憲法違反だと判断した条文を、もう一度別の事件で裁判の際に主張したとしても、裁判所からは「以前に憲法違反だと言ったでしょ」と言われるのがオチでしょうから、実際には「使われなくなって放置」されることになります。本来であれば、国会がさっさと改正なり削除することが期待されるのでしょうが、長年そのままに放置されているものもありました。刑法200条の**尊属殺人罪**の規定は1973（昭和48）年に最高裁で違憲判決が下されたのですが、それ以降適用されることなく1995（平成7）年にようやく削除されました。実に20年以上も放置されていたのですね。

　　おわりに

　本日は司法権を担当する裁判所のお話を簡単にまとめてみました。私たちは裁判官を選挙で選んでいるわけでもありません。それゆえに、裁判所というところは国会や内閣とは少し性格の異なる国家機関です。ですが、その役割は大変重要なもので、私たちの人権を守るという重責を担っているのです。

　裁判所に、そして裁判に関心を持ってもらえれば、ぜひ本物の裁判を傍聴してもらいたいと思います。テレビドラマでみる裁判とは異なった発見があるかもしれません。たとえば、今の日本の裁判所では木槌は使っていませんよ、とか。

　ご清聴ありがとうございました。

┌─ **質疑応答の時間** ─────────────
│　●**裁判はどのように進んでいく？**
│　鶴鵲（かんじゃく）：それでは何かご質問はありますか？
│　受講者：刑事裁判と民事裁判では裁判の進み方が違ってくるのですか？
│　鶴鵲：そうですね、最初の方で刑事裁判と民事裁判は違うものだとお話ししました。ですので、どのように違うのか、裁判の流れに沿ってお話ししようと思います。いずれも刑事訴訟法や民事訴訟法に定められているのですが、ここでは簡単にお話ししていきます。

まず刑事裁判ですが、刑事訴訟法では犯罪の捜査の段階から定められています。被疑者、テレビなどでは容疑者と呼んでいますが、逮捕できる場合はどのような時か、どのくらい身柄を拘束することができるのか、といったことも定められています。容疑者を有罪とするだけの見込みが立てば、検察官が裁判所に起訴します。起訴された人は被告人と呼ばれます。法廷では、まず人定質問として被告人に氏名や住所、本籍などが質問されます。次いで検察官による起訴状朗読、裁判官による黙秘権の告知と続き、被告人による罪状認否へと進みます。その後証拠調べ手続へと進み、冒頭陳述のあと証拠や証人の取調べや、被告人本人への質問などが行われます。最後に検察官から論告・求刑が行われ、弁護人の弁論と被告人の最終陳述で結審となり、判決の宣告へと進んでいくことになります。

　民事裁判の方は、争っている一方が訴状を提起するところからはじまります。民事裁判では訴えた側を原告、訴えられた側を被告と呼びます。訴状に不備がなければ、被告である相手方に口頭弁論期日を指定して訴状等が送られます。原告と被告は法廷でお互いの意見を主張し合うわけです。お互いの主張や反論、証拠などが出尽くせば弁論は終結、判決の言い渡しへと進みます。ただ、途中で和解へと進む道もありますね。

●国民の裁判への参加

受講者：裁判官の国民審査というものを、選挙の時に投票した覚えがあります。

鶴鵲：そうですね、正確にいいますと最高裁判所裁判官の国民審査と呼ばれるもので、これは79条2項から4項に定められています。選挙の時、これも衆議院議員総選挙の時なのですが、投票所に行くと衆議院議員を選ぶ投票用紙とは別に渡されるものですね。裁判官の選任に関して民主的コントロールを及ぼすことを目的とした制度です。投票された方はご存知かもしれませんが、投票用紙に審査対象の裁判官の名前が書いてあり、投票者は罷免したい裁判官の名前の欄に×印をつけることになっています。どうして辞めさせたい裁判官に×印なのかというと、この制度がリコール制、つまり解職制度だと考えられているからなんですね。ですが、現行のやり方では信任するという意見と、信任も罷免もしないという投票の区別がつかないという問題もあり、実際に今までにこの制度で罷免された事例もありませんから、実効性に疑問符がつけられているところでもありますね。

第6講　自分たちのことは自分たちで決める！──地方自治

　はじめに

　みなさん、こんにちは。本日の講座を担当します猫島です。よろしくお願い
します。

　本日のテーマは「地方自治」です。日本国憲法第8章には、**地方自治**に関す
る規定があります。92、93、94、95条の4か条です。大日本帝国憲法には地方
自治に関する規定がなかったことから、この点は、日本国憲法の特徴の1つと
されています。では、「地方自治」とは何でしょうか。『法律学小事典』には、
「地方における政治と行政を、地域住民の意思に基づいて、国から独立した地
方公共団体がその権限と責任において自主的に処理すること」とあります。
ちょっと難しいですね。ごくごく簡単にいうと「自分たちのことは自分たちで
決める」ということです。本日はこの、「自分たちのことは自分たちで決める
（こと）」という仮の定義に沿って、みなさんと一緒に地方自治を学んでいきた
いと思います。

I　「自分たち」とは誰のこと？

　まず、「自分たちのことは自分たちで決める」のうち、「自分たち」に着目し
てみましょう。この「自分たち」とは誰のことでしょうか。

　たとえば、93条2項は「地方公共団体の長、その議会の議員及び法律の定め
るその他の吏員は、その地方公共団体の住民が、直接これを選挙する」と定め
ています。つまり、都道府県知事や市町村長、地方議会の議員などを選ぶのは
住民だ、ということですね。また、95条は「一の地方公共団体のみに適用され
る特別法は、法律の定めるところにより、その地方公共団体の住民の投票にお
いてその過半数の同意を得なければ、国会は、これを制定することができな
い」と定めています。つまり、自分たちにのみ適用される法律（**地方自治特別**

法）が必要かどうかを判断するのは住民だ、ということです。そうすると、「自分たち」とは住民のことだといえそうです。

　では、「住民」とは何者でしょうか。この問題に対して憲法は何も答えていません。しかし、地方自治法は、「市町村の区域内に住所を有する者」を「住民」と定めています（10条1項）。したがって、市町村内に住んでさえいれば、日本国籍を持っていなくても、文字通り「住民」だということになります。法人であっても構いません。

　ただし、地方選挙の場面での「住民」には注意が必要です。さきほど確認したように、自分たちの代表を決めるのは「住民」です。もし住民とは市町村内に住んでいる人をいうのならば、日本国籍を持たない定住外国人にも選挙権が認められるはずです。実際に、在日韓国人らが、選挙権行使の前提となる選挙人名簿への登録を、在住する大阪市北区選挙管理委員会に対して求めた事例があります。いわゆる**定住外国人地方選挙権訴訟**（最判平成7年2月28日民集49巻2号639頁）です。この中で、最高裁判所は、「憲法93条2項にいう『住民』とは、地方公共団体の区域内に住所を有する日本国民を意味する」と述べています。つまり、ここでいう「住民」とは、市町村など「地方公共団体」に住んでいなければならず、かつ、「日本国民」ですから、日本国籍を持っていなければならない、ということです。そうすると、定住外国人は住民ではないということになり、選挙権は認められません。このように、地方選挙の場面において「住民」というためには、住所要件だけでなく、国籍要件もみたさなければなりません。

　その一方で、最高裁判所は、永住者など一定の外国人に対しては「法律をもって、……選挙権を付与する措置を講ずることは、憲法上禁止されているものではない」とも述べています。このような考え方を許容説といいます。しかし、現時点では、地方自治法（18条）も公職選挙法（9条2・3項）も、国籍を選挙権行使の要件とし、永住者などに選挙権を認めていません。

II　地方公共団体とはどのような団体？

　さきほど「地方公共団体」ということばが出てきました。もちろん、憲法上

の用語です。しかし、憲法は何の説明もしていません。地方自治を担う団体だろうとは推測できますが、いったい「地方公共団体」とはどのような団体なのでしょうか。

1　地方公共団体というためには何が必要？

　この問題にヒントを与えてくれるのが**区長公選制廃止事件**（最大判昭和38年3月27日刑集17巻2号121頁）です。この事件は、もともと渋谷区長の選任に絡む贈収賄事件でした。この事件で贈収賄罪が成立するためには、区議会議員が「その職務に関し」（刑197条1項）賄賂を受け取ったといえなければならないのですが、問題は、区長の選任が区議会（議員）の「職務」といえるか、です。もし特別区（東京23区）が地方公共団体に該当するとすれば、そもそも贈収賄罪は成立しません。というのも、地方公共団体の長（ここでは区長）は住民が直接選挙で選ばなければならず、区長の選任は区議会（議員）の職務ではないからです。そこで、事件の前提として、「**地方公共団体**」とは何かが問題となりました。この中で最高裁判所は「地方公共団体といい得るためには、単に法律で地方公共団体として取り扱われているということだけでは足らず、事実上住民が経済的文化的に密接な共同生活を営み、共同体意識をもっているという社会的基盤が存在し、沿革的にみても、また現実の行政の上においても、相当程度の自主立法権、自主行政権、自主財政権等地方自治の基本的権能を附与された地域団体であることを必要とする」と述べています。ここから地方公共団体の要件を簡潔に抽出すると、①住民が共同体意識を持っていること、②団体に対して地方自治の基本的権能が付与されていること、ということになります。これらの要件を指摘したうえで、最高裁判所は特別区を地方公共団体とは認めませんでした。

　ちなみに、これまでのお話しは、憲法上の地方公共団体についてのものです。これに対して、地方自治法上の地方公共団体があります。最高裁判所が「単に法律で地方公共団体として取り扱われているということだけでは足らず」と述べているように、両者は必ずしも一致しません。

　地方自治法は、地方公共団体を①普通地方公共団体と②特別地方公共団体に区分し、以下のものを列挙しています（1条の3）。

①普通地方公共団体として、都道府県、市町村

　②特別地方公共団体として、特別区、地方公共団体の組合、財産区

　では、地方自治法上の地方公共団体のうち、憲法上の地方公共団体といえる
ものはどれでしょうか。ポイントは、さきほど示した2つの要件をみたすか、
です。その意味で、市町村と都道府県が憲法上の地方公共団体であること、ま
た逆に、地方公共団体の組合と財産区が憲法上のそれではないことにほぼ異論
はありません。意見が分かれるのは、特別区です。

　みなさんの中には、法律で地方公共団体と認められているのであれば、それ
で十分ではないかと思われる方もいるかもしれません。しかし、単なる法律上
の地方公共団体では、憲法上の保障が及ばないため、せっかくの地方自治が不
確かなものとなってしまいます。さきほどの区長公選制廃止事件を例に考えて
みましょう。当時の特別区は、区議会が都知事の同意を得て区長を選任する制
度（区長選任制）を採用していました。現在、区長も区議会議員も区民が直接
選挙で選んでいますが、再び区長選任制に変更するとすれば、どのような違い
が出てくるでしょうか。もし特別区が憲法上の地方公共団体であれば、住民に
よる直接選挙という憲法上の保障が及ぶので、地方自治法の改正だけでは変更
できません。どうしても変更したければ、憲法改正という高いハードルを越え
なければなりません。しかし、特別区が憲法上の地方公共団体でないのであれ
ば、憲法上の保障は及ばないので、地方自治法を改正することで簡単に変更が
可能となり、自分たちの代表を選ぶことができなくなってしまいます。

　さらに、同じような問題が**道州制**の導入の場面でも生じます。現在の地方公
共団体は、市町村とそれを包括する都道府県という二層制になっています。も
し都道府県が憲法上の地方公共団体であり、かつ、市町村・都道府県という二
層制を憲法が保障しているとすれば、都道府県を廃して道や州を置くことは憲
法違反となり、許されません。

2　地方公共団体にはどのような権能（自治権）が認められる？

　しばしば地方公共団体は、①区域、②住民、③自治権で構成されるといわれ
ます。どこかでよく似た話を聞いたことがありませんか。そうです、これは、
国家が①領土、②国民、③統治権で構成されると説く、いわゆる国家三要素説

と同じ理屈です。ここでは地方公共団体の構成要素の1つである「自治権」について考えていきましょう。

　地方公共団体の権能については、94条が「地方公共団体は、その財産を管理し、事務を処理し、及び行政を執行する権能を有し、法律の範囲内で条例を制定することができる」と定めています。この規定から、地方公共団体には、「財産を管理し、事務を処理し、及び行政を執行する権能」、すなわち自主行政権があることが分かります。また、「条例を制定する」権能、すなわち**自主立法権**（条例制定権）があることも分かります。

　さきほど紹介した区長公選制廃止事件では、自治権を「地方自治の基本的権能」と呼び、自主立法権、自主行政権、自主財政権をあげていました。では、なぜ自主財政権は認められるのでしょうか。最高裁判所は、**神奈川県臨時特例企業税事件**（最判平成25年3月21日民集67巻3号438頁）において、その理由を述べています。その理由とは、普通地方公共団体は自主行政権を有するが、「これらを行うためにはその財源を自ら調達する権能を有することが必要である」から、というものです。要するに、自主行政にはお金がかかるから、自主行政権を認める以上、憲法は自主財政権（自主課税権）も認めているはずだ、という理屈です。このように解釈でもって自主財政権は認められているのです。

　この事件はもともと、臨時特例企業税を課された上告人が、その根拠となった神奈川県臨時特例企業税条例は地方税法の規定に違反し、違法・無効であるなどと主張したことから、法律と条例の関係が主要な争点となりました。そこで自主立法権についても触れておきたいと思います。

　すでに述べたように、地方公共団体には自主立法権があります。ただし、「法律の範囲内で」という条件付きです。つまり、法律に矛盾抵触する条例を制定することはできない、ということです。

　では、どのような場合に条例が法律に抵触したことになるのでしょうか。たとえば、全国一律に法律が禁じている事柄を条例で許容するというように、条例が法律の規定と真っ向から対立するような場合であれば、誰しも判断には困らないでしょう。しかし、このようにあからさまな（けんかを売るような？）条例はまずありません。この問題については、すでに**徳島市公安条例事件**（最大判昭和50年9月10日刑集29巻8号48頁）において、その判断枠組みが示されています。

「条例が国の法令に違反するかどうかは、両者の対象事項と規定文言を対比するのみでなく、それぞれの趣旨、目的、内容及び効果を比較し、両者の間に矛盾抵触があるかどうかによつてこれを決しなければならない。」

　この部分がその後の判決で繰り返し引用される重要な部分です。神奈川県臨時特例企業税事件でも引用されています。しかし、この判断枠組みは、考慮要素を示しただけであり、基準ではありません。実際の事件において、この判断枠組みを用いて結論を導き出すのは、まだまだ困難です。また、この判断枠組みは、法律を基準に抵触の有無を判断する点、すなわち条例の制定が認められるかどうかは法律の趣旨等次第であるという点で、地方自治を軽視するものであり、問題視されています。

　なお、判決の中に出てきた「法令」とは、法律と命令の総称です。命令は法律を具体化したものなので、94条の「法律」には「命令」も含まれると解されています。したがって、条例は命令に違反することもできません。地方自治法は「法令に違反しない限りにおいて」（14条1項、傍点著者）と規定して、そのことを明らかにしています。

3　地方公共団体はどのような組織になっている？

　地方公共団体の権能については、他にも、自主組織権、自主司法権、国政参加権などが議論されています。ここでは、さきほど取り上げることのできなかった自主組織権（自治組織権）の説明を兼ねて、地方公共団体の組織を簡単に確認しておきましょう。

　憲法は、「地方公共団体の組織……は、法律で……定める」（92条）としながらも、「地方公共団体には、……議事機関として議会を設置する」（93条1項）ことを求めています。したがって、地方公共団体には、まず議会が設置されます。「議事機関」とは、議決機関（意思決定機関）のことだと解されています。

　しかし、都道府県知事など「地方公共団体の長」については、直接選挙の規定はあるものの、設置せよ、とは書かれていません。この点について、①明言していないものの、憲法は地方公共団体の長（執行機関）の設置を求めているという説と②設置するかどうかは法律に任せるものの、設置する場合には、直接選挙を実施するよう求めているという説があります。前者が通説だとされて

おり、そうすると、憲法は、**二元代表制**（二元主義）を採用しているということになります。いずれにせよ、地方自治法は、執行機関として普通地方公共団体の長を置くと定めているので（139条）、地方公共団体には、議会に加えて、長が置かれます。

　その他にも、地方自治法は、同じく執行機関として、教育委員会や選挙管理委員会など「委員会及び委員」を置くよう求め、また、補助機関として、副知事・副市町村長と会計管理者の規定を置くことによって、組織の大枠を形作っています。さらに、保健所、警察署、消費生活センターなどの機関の設置が、地方自治法をはじめ個別法によって義務づけられています。これを必置規制といいます。

　このように、どのような組織にするかについて、地方公共団体には自主組織権があるとはいっても、（強力な？）法律の縛りがあるということを忘れてはなりません。どこの地方公共団体も似たり寄ったりの組織である背景には、こういった事情があるのです。

Ⅲ　「自分たちのこと」とはどのようなこと？　それを、どのように「決める」？

　次に、「自分たちのことは自分たちで決める」のうち、「自分たちのこと」と「決める」に着目してみましょう。

　私たち住民は、「自分たちのこと」として、何を決めることができるのでしょうか。地方自治を担う地方公共団体が処理する事務（仕事）は、主として「地域における事務」（地方自治法2条2項）とされています。したがって、地方公共団体、特に市町村内のことであれば、何でも決めることができます。学校を建て替える、何歳まで子どもに医療費を助成する、コミュニティバスを走らせるといった「住民の福祉の増進」に関することはもちろん、自分たちの権利を制限し、義務を課すこともできます。たとえば、自分たちに地方税を課す、などです。地方公共団体は、単なるサービス提供団体ではなく、統治団体であるといわれるゆえんです。

　ただし、地方公共団体の区域も日本の一部ですから、国や他の地方公共団体との統一性・整合性を図るために制限を受けることもあります。

では、私たち住民は、自分たちのことをどのように「決める」のでしょうか。住民全員が一堂に会し、みんなで1つ1つ話し合って決めていく（**直接民主制**）のが理想ですが、現実的ではありません。そこで、自分たちの代表のみ自ら決定し、あとは自分たちの代表を通して決めていくという方法、いわゆる**間接民主制**（代表民主制）が採用されています。何度も出てくる、住民による直接選挙を定めた93条2項は、そのことを示しています。

　もっとも、地方自治法レベルでは、議会に代えて「町村総会」（選挙権を有する者全員による総会）を設け、直接民主制を採用することも認められていますし（94条）、また、間接民主制の補完として、直接請求制度を採用し（74条以下）、条例の制定・改廃など住民が直接に意思表示できる仕組みもあります。

Ⅳ　誰に対する宣言？

　最後に、「自分たちのことは自分たちで決める」とは、誰に対して宣言しているのか考えたいと思います。それはズバリ、国やその他の団体に対して、です。「自分たちのことは自分たちで決める」といったところで、自律できていなければ、単なる強がりにしか聞こえません。まるで自立できていない子どもの、親に対する言動に似ていますね。

　したがって、実質的に「自分たちのことは自分たちで決める」には、国やその他の団体から独立し、自律した存在でなければなりません。これを**団体自治**といいます。ちなみに、これまで検討してきたおなじみのフレーズは**住民自治**といいます。この2つを合わせて、憲法は「**地方自治の本旨**」と表現しています（92条）。「本旨」とは、本来の趣旨という意味で、これが、地方自治における最も重要な指針であり、国の施策も法律も、地方自治の本旨に沿ったものでなければなりません。

　では、そもそもなぜ地方自治（自治権）は認められるのでしょうか。この問題については、①自然法に根拠を求める固有権説、すなわち、人が基本的人権を享有するように、地方公共団体も当然に自治権を共有しているという考え方や②国家の一部であることに根拠を求める伝来説、すなわち、地方公共団体が国家の統治機構の一環をなす以上、統治権の一部である自治権も国家から与え

られたものだという考え方などがありました。

　それに対して、最高裁判所は、Ⅰで紹介した定住外国人地方選挙権訴訟において、「憲法第8章の地方自治に関する規定は、……憲法上の制度として保障しようとする趣旨に出たもの」だと述べています。このような考え方を**制度的保障説**といいます。これまでの見解とは視点が異なるため分かりにくいですが、この説は、地方自治制度は憲法により保障されている、と説明します。憲法により保障されているわけですから、当然の帰結として、憲法より下位にある法律で地方自治制度を侵害することはできない、ということになります。しかし、侵害できない地方自治制度（本質的内容）とは具体的に何かと問われると、住民による直接選挙（住民自治）や地方公共団体の権能（団体自治）のほか、どのようなものがあるのか、実ははっきりしていません。しかし、法律によっても侵すことのできない本質的内容が存在するという点については異論がなく、それを解釈で広げることができれば、地方自治の充実につなげることができます。

おわりに

　これまで地方自治について学んできました。「自分たちのことは自分たちで決める」ということは、その結果に対して、私たち住民に「責任」が生じるということを意味します。私たち住民もしっかり学んで、決断していく必要があります。よりよいまちになるかどうかは住民次第です。

　ご清聴ありがとうございました。

質疑応答の時間

受講者：素朴な疑問ですが、なぜ東京にしか、特別区はないのですか？

猫島：特別区は、地方自治法上、都に置かれることになっているからです（281条1項）。それで、これまで東京都にしか特別区はなかったのです。

　　　しかし、2012（平成24）年に「大都市地域における特別区の設置に関する法律」が制定され、特例として、都以外にも設置できるようになりました。したがって、今後、特別区が新たに設置される可能性はあります。この法律に基づいて特別区の設置を目指しているのが、いわゆる大阪都構想です。

受講者：では、東京都にはなぜ特別区が設置されたのですか？

猫島：それは、大都市行政の一体性・統一性を確保するためです。東京都の大都市地域に市町村を置かず、本来市町村が行う事務の一部を東京都自ら処理することで、その地域の一体性と統一性を確保しようとしたわけです。特別区はというと、その残りの事務を処理することになっています。そうすることで、都と市町村の間に起こりがちな二重行政によるムダや矛盾を排除することを狙っています。

　とはいっても、特別区には、市に関する規定が適用されるので（地方自治法283条）、実態としては市と大差はないといっていいでしょう。

　なお、地方公共団体の現状について補足しておきたいと思います。大都市については特例として、（政令）指定都市と中核市に関する制度があるのはご存知のことと思います。しかし、指定都市といっても、横浜市のように人口300万人をはるかに超える大都市もあれば、70万人を切っている都市もあります。また、憲法上の地方公共団体ではないとされる世田谷区は、人口90万人超で、人口だけでいえば指定都市クラスです。これらの大都市にとっては、既存の制度は窮屈に感じるかもしれません。地方公共団体に貼られたラベルだけではもはや実態をとらえきれません。

　一方で、より深刻なのが、小規模町村です。小規模町村では、人口減少に伴う財政難等から、今後単独では行政サービスを満足に提供できない町や村が出現することが予想されています。この問題に対して、どのように対処していくかが重要な課題となっています。周辺の市町村と合併をして体力を付けるという方法もあるでしょうし、それが難しければ、市町村同士で手に手を取って協力し、相互に補完いくという方法（広域連携）もあるでしょう。喫緊の問題です。

受講者：ところで、講座の最初のほうで出てきた「地方公共団体の組合」や「財産区」とは、どのようなものでしょうか？

猫島：はい、「地方公共団体の組合」とは、地方公共団体の事務の能率化や広域行政の処理のために共同で設立される団体（法人）で、さらに一部事務組合と広域連合に分かれます。たとえば、いくつかの町村の教育事務を1つにまとめて広域連合で処理するようなイメージです。そうすると、教育委員会は町村から消え、新たに広域連合内に設けられますし、学校は、これまでの町村立から、広域連合立○○学校に変わります。これは先ほど出てきた広域連携の一手

法でもあります。次に、「財産区」ですが、市区町村の一部で、財産や公の施設を管理・処分する権能を認められた団体です。

受講者：う～ん、ピンときませんね。財産区の具体例はありますか？

猫島：お近くに寺院に属していない墓地はありませんか？　たとえば、それを一財産として、周辺地域で管理したい場合に設立する団体です。しかし、特別地方公共団体とはいっても、選挙で首長を選ぶわけではありませんし、通常、議会も設置されません。財産等の管理・処分に特化した権能を持つ地方公共団体といえるかもしれません。

受講者：なんとなく分かりました！　ありがとうございました。

受講者：新聞やニュースなどで「住民訴訟」ということばをしばしば聞くのですが、どのようなものですか？

猫島：文字通り、住民という立場で提起できる訴訟です。

受講者：住民でありさえすれば、誰でも提起できるのですか？

猫島：はい、住民訴訟を提起するのに、その他の資格は要りません。したがって、住民訴訟は客観訴訟（民衆訴訟）に分類されています。

　　ただし、注意を要する点があります。まず、事前に住民監査請求を済ませておかなければならない（監査請求前置主義）、ということです。住民監査請求の結果等に不満があるときにはじめて、住民訴訟を提起することができます（地方自治法242条の２第１項）。次に、訴訟の対象です。何でも提起できるわけではなく、公金の違法な支出など「財務会計上の行為」に対してのみ提起することができる、ということです。

　　このように住民には、住民監査請求や住民訴訟を通して、地方財政の腐敗を防止し、住民全体の利益を確保する手段が与えられています。１人でもできます！　これを住民訴訟提起権という権利という視点でとらえれば、地方選挙権、地方自治特別法の住民投票権、直接請求権などと並ぶ、住民の権利の１つです。

第7講　人権はどこからやってきた？誰のもの？
——人権の歴史・享有主体性

はじめに

　鳳です。11条は、「国民は、すべての基本的人権の享有を妨げられない。
この憲法が国民に保障する基本的人権は、侵すことのできない永久の権利とし
て、現在及び将来の国民に与へられる」と規定しています。また、97条は、
「この憲法が日本国民に保障する基本的人権は、人類の多年にわたる自由獲得
の努力の成果」であると述べています。ここでは、基本的人権の歴史と、人権
が誰に対して保障されるのかという人権の享有主体性の問題について解説しま
す。

I　基本的人権の性質とその保障の歴史

1　基本的人権とは何か？

　人間が生まれながらに持っている大切なものが基本的人権です。戦後の日本
の憲法学の第一人者は、基本的人権について、「人間が社会を構成する自律的
な個人として自由と生存を確保し、その尊厳性を維持するため」に必要なもの
であると述べています。

　人権の性質としては、人権は人間であることにより当然保障されるものであ
るという**固有性**、人権は公権力によって侵されないという**不可侵性**、人種、性
別、身分に関係なく保障されるという**普遍性**があげられます。人権の根拠は、
「人間社会における価値の根元が個々の人間にあるとし、何よりも先に個人を
尊重しようとする原理」である個人主義に由来します。これを受けて13条は
「**個人の尊重**」を謳っています。

2　基本的人権保障の歴史
(1)　近代から現代までの人権保障の歩み　　イギリスのマグナ・カルタ

（1215年）、**権利請願**（1628年）、**権利章典**（1689年）が人権思想の端緒となったことはよく知られています。しかし、これらの権利はあくまで封建貴族の特権あるいはイギリス国民の権利にとどまるものでした。フランス革命等の**近代市民革命**によって近代立憲主義が成立します。前国家的な生来の権利である**自然権**をより良く保障するために政府が樹立されると説いたジョン・ロック（英）に代表される**社会契約説**が理論的基盤を提供しました。代表的な近代立憲主義の憲法としては、ヴァージニア権利章典（1776年）、アメリカ独立宣言（1776年）、アメリカ合衆国憲法（1787年）、フランス人権宣言（1789年）等があげられます。

　近代市民革命の担い手となったブルジョワジーと呼ばれる中産市民階級の人びとは、封建制の拘束を打破し、精神面と経済面で自由な活動を求めました。そのため、近代憲法が保障する人権は、国家からの不合理な干渉を受けないという自由権（信教の自由、表現の自由といった精神的自由、職業選択の自由、営業の自由、居住・移転の自由、財産権といった経済的自由）が中心でした。

　しかし、資本主義の急激な発展による貧富の差の拡大により、20世紀以降の**現代立憲主義**に基づく福祉国家においては、経済的弱者を保護するために、必要な限度で国家による経済的自由の制約が行われるようになりました。たとえば、1919年の**ワイマール憲法**は、「経済生活の秩序は、すべての人に、人たるに値する生存を保障することを目指す正義の諸原則に適合するものでなければならない」（151条1項）、「所有権は義務を伴う」（153条3項）と規定しており、同条は日本国憲法25条にも大きな影響を与えています。

　なお、民主主義の観点からは、性別、財産、教育等によって選挙権を制限しない普通選挙への移行が重要です。イギリスでは、19世紀から20世紀にかけて5回にわたる選挙法改正が行われ、1928年の第5回選挙法改正で男女21歳以上の普通選挙が実現しました。

　日本では、1925（昭和3）年に男子普通選挙制が導入されたものの、女性の選挙権は認められていませんでした。第二次世界大戦後の選挙法改正で1946（昭和21）年にようやく男女普通選挙制が実現しました。日本国憲法の審議にあたった第90回帝国議会の衆議院は、満20歳以上の男女有権者による普通選挙で選出された民主的な議会であったことはよく知られています。

　⑵　**法の支配と違憲審査制の導入**　　近代市民革命時の自然権的な人権観

は、19世紀から20世紀初頭にかけて、議会の法律による権利保障、法解釈の対象をもっぱら実定法に限定する法実証主義の影響により衰退していきます。しかし、ナチスドイツの台頭と第二次世界大戦の悲惨な経験により、自然権的な人権観が見直されることになりました。

多数派による少数派の抑圧を防止するために、国家の政治を法に基づいて行えば足りるという形式主義的な**法治国家**ではなく、その法の内容の合理性を問う**法の支配**（実質的法治国家）の考えが一般的になりました。さらに、「法の支配」を徹底し、法律による人権侵害を防止するために、各国で**違憲審査制**が導入されています。

(3)　**人権保障の国際化**　　第二次世界大戦後、人権の普遍性という観点から、人権を国内法のみならず国際法でも保障するという人権保障の国際化が進みました。その代表的なものとしては、世界人権宣言（1948年）、社会権規約（A規約）と自由権規約（B規約）からなる国際人権規約（1966年、1979年日本批准）があげられます。また、人権に関する重要な国際条約として、難民条約（1954年、1981年日本加入）。女子差別撤廃条約（1981年、1985年日本批准）、児童の権利に関する条約（1990年、1994年日本批准）等があげられます。

その他、ヨーロッパ人権条約（1953年）や米州人権条約（1978年）のように、多国間での広域的な人権保障の取り組みも注目されます。

II　基本的人権は誰のものか？──人権の享有主体性

1　「日本国民」の範囲はどうやって決定するのか？

人権の享有主体とは憲法の基本的人権の保持者であることを意味します。日本国憲法はその第3章で「国民の権利及び義務」と述べていることから、人権の享有主体が国民であることを明らかにしています。国籍とは特定の国家の構成員としての資格を指します。10条は「日本国民たる要件は、法律でこれを定める」としており、これを受けて、国籍法は、出生（2条）、準正（3条）、帰化（4条）によって日本国籍を取得すると規定しています。国籍法は出生について、親の血統によって国籍が決まる血統主義（属人主義）を原則とし、父母が不明または無国籍の場合に、例外的に、出生した土地の国籍を取得する出生

地主義（属地主義）を採っています。対照的に、移民国家であるアメリカは出生地主義を採用しています。

　国籍の範囲をどのように決定するのかは原則として立法裁量に委ねられています。とはいえ、憲法が保障する基本的人権の享有主体の範囲を国会が法律によって全く自由に決めてよいというわけではないので、そこにはある程度の限界があると考えられています。

　旧国籍法 3 条 1 項は、日本国民の父と外国人の母から生まれた非嫡出子（婚外子）の日本国籍取得について、父に準正（出生後の認知と母との婚姻）を要求し、父母が婚姻しなければ帰化が必要であるとしていました。しかし、最高裁は、**国籍法違憲判決**（最大判平成20年 6 月 4 日民集62巻 6 号1367頁）において、「家族生活を通じた我が国との密接な結び付きの存在を示す」指標としての準正について、立法目的（日本との結び付きの確保）と手段（準正）の間に、「合理的関連性を見いだすことがもはや難しくなっている」ことを理由に、旧国籍法 3 条 1 項が憲法14条 1 項違反であると判断しました。

　現在の国籍法によれば、①日本国民の父と日本国民の母から生まれた子供、②外国人の父と日本国民の母から生まれた子供、③日本国民の父と外国人の母から生まれた子供が出生によって日本国籍を取得することになります。ただし、外国人が日本国籍を取得するには帰化手続が必要です。

　なお、22条 2 項は国籍離脱の自由を認めていますが、外国籍の取得が前提となっており（国籍法11条 1 項）、無国籍の自由は認められていません。ただし、「国籍唯一の原則」は必ずしも自明のものではなく、人・資本・物が国境を越えて移動するグローバル化の進展によって変容しており、今後、日本においても無国籍の自由や重国籍（複数国籍）の自由の可否が議論されることになるかもしれません。

2　天皇・皇族

　天皇・皇族も人権享有主体としての国民に含まれると考えられていますが、象徴としての地位や世襲制を理由に、一般国民とは異なる制約が課せられています。

　天皇は形式的・儀礼的な**国事行為**のみを行い、国政に関する権能を有しませ

ん（4条）。それゆえ、政治的中立性を保つことが求められ、選挙権・被選挙権をはじめとする参政権や政治活動の自由（21条1項）は保障されません。職業選択の自由や居住移転の自由（22条1項・2項）の自由も制約されています。皇室による財産の授受は国会の議決が必要とされます（8条）。天皇の婚姻（立后）と皇族男子の婚姻の際には皇室会議の議を経なければなりません（皇室典範10条）。なお、天皇には民事裁判権も及ばないとされています（最判平成元年11月20日民集43巻10号1160頁）。

3　法　人

　基本的人権の享有主体は本来自然人が念頭に置かれています。また、教会やギルドといった封建的な中間団体が個人を抑圧することへの警戒感もありました。しかし、資本主義の発達に伴い、財産権の主体としての団体（**法人**、特に**株式会社**）の有用性が注目されるようになりました。

　法人の人権享有主体性を認めることに批判的な見解もありますが、法人が果たす社会的役割の大きさや、その活動が自然人を通じて行われ、その効果が自然人に帰属することを理由に、性質上可能な限りこれを認めるという性質説が通説の立場であり、判例も同様です（最大判昭和45年6月24日民集24巻6号625頁〔**八幡製鉄献金事件**〕）。法人には結社の自由が認められ、特に宗教団体には信教の自由、報道機関には報道の自由、学校法人には学問および教育の自由が保障されますが、参政権、生存権、人身の自由等の自然人を前提とする権利は認められません。

　法人は社会的・経済的に大きな力を持つ存在であることから、法人の行為が一般国民や法人内部の構成員の人権を不当に制限することがないように注意を払う必要があります。上述の八幡製鉄政治献金事件では、営利企業の政治献金の可否が争点となりました。最高裁は、法人の人権享有主体性を肯定したうえで、「会社は、……国民と同様、国や政党の特定の政策を支持、推進または反対するなどの政治的行為をなす自由を有する」のであり、「政治資金の寄附もまさにその自由の一環」であると判断しました。しかし、最高裁が営利企業の政治献金を安易に認めた点には憲法学者から強い批判が寄せられています。

　特に、強制加入団体の場合、構成員の思想・良心の自由に配慮する必要があ

ります。**南九州税理士会政治献金事件**（最判平成8年3月19日民集50巻3号615頁）では、強制加入団体である税理士会が、通常会費とは別に政治献金のために特別会費5000円を徴収していたことが争われました。最高裁は、税理士会の構成員である会員には「様々の思想・信条及び主義・主張を有する者が存在することが当然に予定」される以上、政治献金を行うかどうかは、「選挙における投票の自由と表裏を成すものとして、会員各人が市民としての個人的な政治的思想、見解、判断等に基づいて自主的に決定すべき事柄」であり、「多数決原理によって団体の意思として決定し、構成員にその協力を義務付けることはできない」と判断しました。

　群馬司法書士会事件（最判平成14年4月25日判時1785号31頁）では、1995年の阪神淡路大震災に関連した兵庫県司法書士会支援のための3000万円の復興支援拠出金の寄附と会員からの特別負担金徴収が争点となりました。最高裁は、本件拠出金が同団体の目的の範囲を逸脱するものとまではいえず、「会員の政治的又は宗教的立場や思想信条の自由を害するもの」ではないと判断しています。

4　未成年者

　当然のことながら、基本的人権は未成年者にも成人と同様に保障されます。たとえば、拷問の禁止（36条）や正当な補償（29条3項）は成人の場合と同様です。また、憲法は、未成年者の成長・発達を支援し、それを阻害する要因を除去するために、義務教育を受ける権利（26条2項）や児童労働の禁止（27条3項）を規定しています。

　ただし、未成年者の基本的人権は、特に選択を伴う行為について、成人とは異なる制約を受ける場合があります。憲法上の制約としては、「成年者による普通選挙」を規定する15条3項が、法律によるものとしては、未成年者に対する行為能力の制限（民法5・6条）、婚姻適齢年（民731条）、飲酒・喫煙の禁止等があげられます。また、「有害図書」の販売規制等、各地方公共団体の青少年保護育成条例による制約がなされる場合もあります（最判平成元年3月8日刑集43巻8号785頁〔岐阜県青少年保護育成条例事件〕）。これらの制約は一般的に合理的な理由があると考えられますが、成人年齢については人権の性質に応じて個別具体的に検討する必要があるでしょう。

有力説によれば、このような未成年者の基本的人権への制約は、「限定された パターナリスティックな制約」（未成年者を保護するための保護者的観点に基づく 規制）として、未成年者の心身の健全な発達を図るための必要最低限度のもの であれば認められると考えられています。ただし、パターナリズムに基づく制 約が未成年者の自主性を損なうことのないように注意する必要があるでしょ う。たとえば、校則による髪型・服装の制約については慎重さが求められます。

　なお、憲法改正国民投票の投票権者は「年齢満18歳以上の者」（憲法改正手続 法3条）とされています。これを受けて、選挙権年齢は2016（平成28）年の公職 選挙法改正で18歳に引き下げられました。さらに、2022（令和4）年より、契 約・婚姻に関する成人年齢も18歳に引き下げられることになりました。ただ し、少年法の適用対象を18歳以下に引き下げるかどうかについては議論があり ます。

5　外国人

　外国人の人権享有主体性については、基本的人権がそもそも国家以前のもの であるという性質や、日本国憲法が国際協調主義を採用していることを理由 に、外国人にも基本的人権が性質上可能な限り保障されるという立場が通説で す。これを性質説といい、判例も同様です（最大判昭和53年10月4日民集32巻7号 1223頁〔マクリーン事件最高裁判決〕）。

　ただし、入国の自由は、国際慣習法上、外国人には保障されないというのが 通説・判例（最大判昭和32年6月19日刑集11巻6号1663頁）の立場です。判例は22 条2項に基づいて外国人に出国の自由を認めていますが（最大判昭和32年12月25 日刑集11巻14号3377頁）、指紋押捺拒否を理由とした事前の再入国申請拒否が争 われた森川キャサリーン事件（最判平成4年11月16日裁判集民166号575頁）では、 再入国の自由（在留外国人の一時旅行の自由）を認めませんでした。一般的に、 国民主権との関連で、参政権も外国人には保障されないと考えられています。

　信教の自由や表現の自由といった精神的自由、人身の自由については、日本 国民と同様に外国人にも保障されます。政治活動の自由については、日本の政 治的意思決定に影響を及ぼす活動は認められないというのが通説および判例 （マクリーン事件最高裁判決）の立場です。ただし、参政権が最終的に国民に留保

されているのであれば、政治活動の自由は、外国人にも国民と同様に保障され
うるとする有力説もあります。

　マクリーン事件では、政治活動（ベトナム反戦運動）等を理由としたアメリカ
人マクリーンの在留期間更新拒否が争点となりました。最高裁は、「基本的人
権の保障は、権利の性質上日本国民のみをその対象としていると解されるもの
を除き、わが国に在留する外国人に対しても等しく及ぶものと解すべき」とし
て権利性質説の立場を採り、「政治活動の自由についても、わが国の政治的意
思決定又はその実施に影響を及ぼす活動等外国人の地位にかんがみこれを認め
ることが相当でないと解されるものを除き、その保障が及ぶ」とした上で、
「在留中の外国人の行為が合憲合法な場合でも、法務大臣がその行為を当不当
の面から日本国にとって好ましいものとはいえないと評価」することは妨げら
れないとして、原告の訴えを退けました。最高裁が在留権について国の裁量と
した点には批判もあります。

　経済的自由については、土地所有制限（外国人土地法）や職業選択の自由の
制限（公証人法12条1項、電波法5条1項1号、鉱業法17条等）が認められていま
す。これらの制限は合憲であると一般的に考えられていますが、人・資本が国
境を越えて移動するグローバル化の進展に伴い、その合憲性について一層の検
討が必要になるとの指摘がなされています。

　社会権については、財政事情等の支障がなければ、立法政策によって社会権
を外国人に保障することが望ましく、特に、永住資格を持つ定住外国人に対し
ては、可能な限り日本国民と同様の保障がなされるべきであると考えられてい
ます。社会権の中核となる生存権については、外国人にも憲法上保障されると
する有力説もあります。1981（昭和56）年の難民条約への加入に伴い、社会保
障関係法令の国籍要件は原則として撤廃されましたが、最高裁によれば、外国
人は生活保護法に基づく受給権を有しておらず、行政庁の通達等に基づく行政
措置により事実上の保護の対象となりうるにすぎないとされています（最判平
成26年7月18日判時386号78頁）。

　参政権については、従来、国民主権の観点から、外国人には保障されないと
考えられてきました。しかし、選挙権については、生活に密着した地方公共団
体レベルの選挙権を、日本に永住する定住外国人（特別永住者および一般永住者）

に認めることができるとする学説が有力です。最高裁も「永住者等」で居住する地方公共団体と「特段に密接な関係を持つ」者に対して、国会が法律によって地方公共団体の選挙権を付与するか否かは立法政策の問題とする許容説の立場を採用しました（最判平成7年2月28日民集49巻2号639頁〔定住外国人地方選挙権訴訟〕）。ただし、本件判決についてはあくまで「傍論」に過ぎないとの批判もあります。他方、国政レベルの選挙権、地方・国政レベルの被選挙権については否定的な見解が多く、最高裁も外国人に国会議員の選挙権を認めていません（最判平成5年2月26日判時1452号37頁〔定住外国人国政選挙権訴訟〕）。

　公務就任権については、外交官には日本国籍が必要とされています（外務公務員法7条1項）。国家公務員についても、公権力等の行使にたずさわる公務員が日本国民でなければならないとする内閣法制局の見解（昭28.3.25）に基づいて日本国籍が必要とされています。地方公務員については、一定の職種について国籍要件を設けない地方公共団体が増えていますが、最高裁は、東京都管理職試験訴訟（最大判平成17年1月26日民集59巻1号128頁）において、住民の権利義務を直接形成し、その範囲を確定する「公権力行使等地方公務員」については、国民主権原理に基づき、原則として日本国籍保持者が就任することが予定されているとして、受験拒否を容認しました。また、本件で最高裁は、管理職の登用については地方公共団体の裁量であり、日本国民のみを採用対象とすることは、特別永住者を含む外国人に対する不当な差別ではないと判断しています。

おわりに

　基本的人権は固有性、不可侵性、普遍性という性質を持ち、その根拠は個人主義に由来します。また、近代から現代にかけて、各国の憲法で自由権や社会権が保障されるに至りました。さらに、第二次大戦後には、法の支配の観点から違憲審査制が各国で導入され、人権保障の国際化が進みました。なお、国民、天皇・皇族、法人、未成年、外国人の人権享有主体性の問題については、それぞれに保障される人権の種類や保障の程度、制約の根拠を詳細に検討していく必要があります。

　ご清聴ありがとうございました。

┌─ **質疑応答の時間** ─

●パターナリズムに基づく制約とは？

受講者：未成年者へのパターナリズムに基づく制約について、具体例をあげて、もう少し詳しく説明していただけませんでしょうか？

鳳（おおとり）：飲酒・喫煙の禁止が一番分かりやすい例だと思います。ひょっとしたら、聴衆の皆さんの中には、中学や高校在学中に飲酒・喫煙が発覚して、先生や親から厳しく注意された経験のある方もいらっしゃるかもしれません。たいていは飲酒・喫煙について注意されたら意気消沈してしまうと思いますが、年頃の児童生徒だと、『万引きや暴力がいけないのはわかる。しかし、他人に直接迷惑をかけるわけではない飲酒・喫煙で注意されるのは納得いかない。自己決定権の侵害だ！』と不満を持つことがあるかもしれません。このような場合、先生や親は、『あなたのやっていることは他人への迷惑（「他者加害」といいます）にはならないかもしれないが、お酒やたばこは健康に大きな影響を与える刺激物なので、心身ともに発育途中のあなた自身のためにならないからやめておきなさい。大人になってからにしなさい！』と応答するでしょう。これがパターナリズムに基づく制約です。一種の『親心』、あるいは『保護者的観点』に基づいて行う制約といってもいいかもしれませんね。憲法の場合、国や自治体といった公権力が、先ほどの先生や親の例のように、未成年を保護することを目的として各種の規制を行うことが問題となります。パターナリズムに基づく制約を一概に否定することはできませんが、それが度を過ぎたものにならないように（未成年者への「過度のお節介」にならないように）注意する必要があるでしょう。

受講者：成人年齢は何歳が適切なのでしょうか？

鳳：なかなか難しい問題ですね。憲法改正国民投票の投票権と公職選挙法の選挙権は18歳に引き下げられました。また、民法の大改正に伴い、2022（令和4）年4月1日から、成人年齢が18歳に引き下げられます。この成人年齢の引き下げに伴い、親の同意なく、スマホやクレジットカードの契約を行うことができるようになります。ただし、飲酒・喫煙については、健康保護の観点から、従来通り20歳のままです。こうした年齢制限の区分については一定の合理性があると思われます。

●外国人の政治参加をめぐる問題

受講者：定住外国人の参政権については憲法上賛否両論があると思います。しか

し、現実には多くの外国籍の人びとが日本の社会で生活している以上、こうした人びとの意見・要望をくみ取る一定の仕組みが必要となってくると思うのですが、現行制度上どのような施策が可能でしょうか？

鳳：主要な自治体において、諮問会議等の定住外国人施策が実施されており、川崎市の外国人市民代表者会議（1996年）、豊中市の外国人市民会議（2005年）、浜松市の外国人市民共生審議会（2008年）、広島市の多文化共生市民会議（2009年）等がよく知られています。広域行政の例としては、神奈川県の外国籍県民かながわ会議（1998年）や南米日系人への各種施策を念頭に置いた外国人集住都市会議（2001年）があげられます。特に、先駆となった川崎市の取り組みについては、『多文化共生社会』の実現という観点から高い評価がなされています。ただし、これらの施策はあくまでも政策的配慮にすぎず、政治参加の権利の保障としては限界があるとの指摘もなされています。現実の法制度においては、「国民」や「国籍」の概念が厳然として存在します。しかし、グローバル化が進む現在、国民だけでなく、日本社会に住む外国人も、民主政治の担い手である「市民」に含まれうるという観点から憲法上の議論を深めていくべきではないでしょうか。

とある先生の研究室にて

●マイノリティの権利

学生：先生、オフィスアワーを利用していくつか質問したいのですが……。

蟹江：どうぞ、今は空いていますよ。

学生：ありがとうございます。先日市民講座を聞いた時に人権の享有主体の話がされていたのですけれど、マイノリティの権利の問題が論じられる際に、女性の人権が含まれているようなのですが、女性の数は男性とほぼ同数なので違和感をおぼえています。マイノリティの権利とはどういうものなのでしょうか？

蟹江：マイノリティを日本語に訳すと少数者となりますが、マイノリティの問題は数の問題ではありません。政治的社会的文化的に不利な境遇におかれている人たちのことをマイノリティと呼んでいて、たとえば障害者、性的マイノリティ（LGBTQ）、宗教的マイノリティや先住民をあげることができます。もっとも、先住民のように、言語や文化などの集団の属性を維持することを目的とする場合と、女性や障害者のように、属性の維持ではなく属性に基づく差別の解消を目的とする場合とは、マイノリティの権利の保障のあり方は大きく異な

ります。

学生：属性の維持を目的とする場合、具体的にどのような形をとるのでしょう
　　　か？

蟹江：それは国ごとに様々ですね。マイノリティ集団の言語を公用語とし、その
　　　言語を公式の書類や裁判で使うことを義務づけることや、連邦制や自治区を採
　　　用し、地域を設定して保護を図ることがあります。

学生：そうするとマイノリティ権利とは、集団の権利ということでしょうか？

蟹江：個人の力だけでは言語や文化の保持が極めて難しいことから、集団に権利
　　　を認めるべきということなのですが、「人権＝個人の権利」が人権概念の中核
　　　ですし、日本の論議でいうと、日本国憲法は個人主義を基底としていて集団の
　　　権利を否定している、という理解が一般的ですね。もっとも、平等の問題をめ
　　　ぐってアファーマティブ・アクションの合憲性が論議されてきており、集団の
　　　権利が憲法で認められなくとも、不合理な差別とならないかたちで、法律に
　　　よって一定の施策をとることは可能でしょう。とはいえ、一定の属性の保持を
　　　認めることを憲法上、どのように考えるべきかは非常に難しい問題です。伝統
　　　的理解では、国民国家を構成する個人は属性を捨象された抽象的な存在とし
　　　てきたからです。2019（令和元）年に制定された「アイヌの人々の誇りが尊重
　　　される社会を実現するための施策の推進に関する法律」（アイヌ政策推進法）は
　　　法律上、初めてアイヌの人びとを「先住民族」であることを認めており、「個
　　　人」そして「国民」の概念をどのように捉えるべきかが問われています。

第8講　人権ってどこまで認められるのでしょう？

はじめに

　本日の講座を担当いたします鸛鵲（かんじゃく）です。よろしくお願いいたします。

　本日のお話は、人権はどこまで認められるのか、と題して「人権の限界としての公共の福祉」と「人権の私人間効力」の問題についてお話ししようと思います。人権というものは万能ではなく、無制限に保障されるというものでもないこと、そして、一般に「人権は大事だ」という時の「人権」と、憲法で保障される「人権」では、少しニュアンスが異なることにきづいていただければと思っています。

　内容の詳細はこの後お話しするとして、それぞれのテーマの中で、まず「公共の福祉」については、憲法の定める「公共の福祉」はどういう意味なのか、これに関連して「二重の基準論」とは何か、という点について、そして「人権の私人間効力」については、なぜ私人間における人権侵害の問題が独立した議論として扱われているのか、またこの私人間における人権侵害に対して、学説・判例はどのように解釈してきたのかという点をポイントにおいてお話ししていこうと思います。

I　人権にも限界はあるのでしょうか？

1　人権には制限があるってどういうことだろう

　前回の講座にも関わってきますが、人権というものは「人が生まれながらにして有する、侵すことのできない権利」であると考えられています。

　人権の不可侵性については、11条には「この憲法が国民に保障する基本的人権は、侵すことのできない永久の権利として、現在及び将来の国民に与へられる。」と、そして同じく97条でも「これらの権利は、過去幾多の試錬に堪へ、現在及び将来の国民に対し、侵すことのできない永久の権利として信託された

ものである。」と定められています。

　ただ、ここで「侵すことのできない」という言葉が独り歩きしているのか「人権なんて、自由なんだから、どんな勝手なことをしてもいいんじゃないの」とか、逆に「自由ばかり与えるからワガママな人が増えるんだ、もっと自由は制限せねば」といった意見も聞かれるようになったりもするようです。

　ですが、憲法が人権を保障するというのはそういう性質のものかというとそうではありません。前の講座でも話があったと思いますが、人権は自由だけというわけでもありませんし、ましてや「何をしても勝手」でも「ワガママ増長装置」でもないのです。

　憲法自身は、人権は無制限にどこまでも保障される、とは定めてはいません。19条の「思想・良心の自由」や20条の「信教の自由」に含まれる「信仰の自由」のように、一部例外的に制限を受けないとされるものもありますが、それ以外のものについては憲法自身、人権には限界があるということを定めているのです。どこでしょう。

　憲法自身が人権は無制限ではない、ということを定めている箇所、それは12条や13条にみられます。どちらの条文にも共通した言葉がみられますね。「**公共の福祉**」という言葉です。憲法自身は、人権は公共の福祉による制限を受けうることを明示しているのです。ですから、憲法は決して人権は「何をしても個人の勝手だ」とは考えていないのです。

2　公共の福祉ってどういう意味だろう？

　さて、憲法は人権を無制限なものとしてとらえておらず、公共の福祉による制限を受けることがありうることを認めていることが分かりました。

　では、人権が公共の福祉による制約を受けうるとしても、「公共の福祉であれば人権は制限しても構わないのだ」としてしまうと少し乱暴な理屈になりかねません。「政府が公共の福祉だっていっているのだから、人権を制限して何が悪い‼」ということになってしまうと「とりあえず公共の福祉と言っておけば、人権はいくらでも制限可能だ」という話になりかねないのです。

　これは結局「公共の福祉」って何だろう、という問題を置き去りにして「公共の福祉だから人権は制限できる」と結論づけてしまうからですが、それでは

大日本帝国憲法の権利保障規定の中にみられた「法律の留保」と同じことになりかねません。「法律によるのであれば権利の制限はどのようにでも可能である」というのが「公共の福祉によるのであれば人権の制限はどのようにでも可能である」と言い換えただけになってしまいますから。

　となりますと、「公共の福祉」という抽象的な言葉の具体的意味というものをはっきりとさせないことにはいけない、ということになりますね。様々な学説が提唱されてきたのですが、学説の詳細はここでは置いておいて、現在はどのように考えられているか、という点でお話ししますと、現在の公共の福祉とは「人権相互の矛盾・衝突を調整するための実質的公平の原理」と理解する考えが基本となっています。

　どういうことかというと、自分に人権があるように、ほかの人にも同じく人権があります。場合によっては両者の利益（人権）が衝突してしまうケースもあるわけで、その際に調整をはかるのが「公共の福祉」です。たとえばいかに自分に信教の自由があるとはいえ、自分の信仰する神様のために他の人の生命をいけにえに捧げるようなことまで憲法が信教の自由として保障しているわけではありません。そこには自ずと限界というものがあるはずです。その限界の部分の調整をするのが公共の福祉である、と考えるわけです。

　公共の福祉が人権相互の調整であるとしても、その調整は大きく２つのパターンがあります。１つは先ほどの例にもあげたように、人権を各人に公平に保障するための必要最小限度の規制として登場するパターンです。これを「自由国家的公共の福祉」と呼んでいます。もう１パターンは、福祉国家的観点からの話になるのですが、社会権を保障し、社会的経済的弱者を保護するという福祉国家・社会国家の下では、経済活動の自由に対して一定の制約を加えることでこれを実現させようとします。その意味では、社会権の内容を実現していくためには経済的自由権の制約がある程度必要だということですね。このような国家の政策に基づき、個人の生活の向上と福祉の増大という政策を実現するための規制として登場するパターンです。これを「社会国家的公共の福祉」と呼んでいます。こちらについては主に経済的自由権に対する規制として登場します。このように、ひとくちに「公共の福祉」といっても、それは人権相互の調整原理として２つのパターンを備えるものであるとされているわけです。

3　公共の福祉の判断は具体的にどのように行われているのだろう

さて、人権は公共の福祉による制約を受けるということは、「公共の福祉として認められる場合であれば、人権の制約は正当化され憲法違反とはならない」ということを意味します。いいかえれば、「公共の福祉として認められないような制約は、不当な人権侵害であり憲法違反となる」ということでもあります。

では、ある規制が憲法違反となりうるのか、それとも憲法違反ではない正当な規制と認められるのか、ということが実際に争われるような場合、裁判所はどのような判断の仕方をするのでしょうか。

この点については、裁判所は基本的に**利益衡量論**を用いてきました。つまり、規制をすることで得られる利益と、規制をしないことで得られる利益の両者をそれぞれの天秤に乗せ、どちらの方に傾くか、どちらの方がより重要か、という判断の仕方をするわけです。たとえば、郵便局職員に対して職場を離脱して職場大会に参加するようそそのかしたとして労働組合幹部が起訴された**全逓東京中郵事件**（最大判昭和41年10月26日刑集20巻 8 号901頁）は公務員の争議行為が問題とされた事例ですが、最高裁は公務員の労働基本権制限の判断基準として「労働基本権の制限は、労働基本権を尊重確保する必要と国民生活全体の利益を維持増進する必要とを比較衡量して、両者が適正な均衡を保つことを目途として決定すべき」と述べていますし、また未決勾留により拘禁されている者の新聞、図書等の閲読の自由を制限する措置の合憲性が問題とされた**よど号ハイジャック記事抹消事件**（最大判昭和58年 6 月22日民集37巻 5 号793頁）では、「制限が必要かつ合理的なものとして是認されるかどうかは、右の目的のために制限が必要とされる程度と、制限される自由の内容及び性質、これに加えられる具体的制限の態様及び程度等を較量して決せられるべき」と述べられています。このように両者の利益を天秤に乗せてどちらの方がより重要であるのか、規制することによって得られる利益の方が大きい場合にはその規制は正当化されうるけれど、規制しないことで得られる利益の方が大きいという場合はその規制は正当化しえない、つまり憲法違反だと判断するわけです。

ただ、このやり方だとある問題が出てきます。たとえば規制することで得られる利益が国家の利益であったり社会全体の利益であったりする場合、規制し

ないことで得られる利益の側に乗っている個人の利益との天秤ではどちらの方に傾くでしょう。皆さんであればどちらに傾けますか？　一部の個人の利益とその他大勢の人の利益、という天秤ではおそらくその他大勢の人の利益の方に傾きやすくなるのではないでしょうか。そうなると、「この法律は大勢の人の利益のためだから正当化されるのだ」という抽象的な理屈で人権が制約されることを正当化させかねないのです。「一部の個人の利益さえ我慢すれば社会全体の利益が守られるよ」ということですね。もちろんそういうケースもありうるでしょうけれど、およそどんなケースでも天秤に乗せたら社会全体の利益の方に傾く、つまり規制が正当化される、というのでは双方の利益が正当に衡量されているとは言い難いでしょう。

4　「二重の基準論」という考え方はどのようなものだろう

　そこで、場合によっては一部の個人の利益の方に天秤が傾けられるようなケースもあってもよいのではないか、という考え方が登場してきます。人権の種類や性質によっては、社会全体の利益の方に簡単には傾かない、つまり、そうそう簡単には規制が正当化されないように厳しい審査をする必要がある、そういう天秤があってもよいのではないか、ということですね。問題とされている人権の種類に応じて、用いる天秤を使い分けようという考え方です。このような考え方を「二重の基準論」と呼んでいます。具体的には、精神的自由権が規制される利益として天秤に乗っている場合の天秤の支点の位置と、経済的自由権が規制される利益として天秤に乗っている場合の天秤の支点の位置を変えよう、という話なんですね。規制される人権の種類が違うことで、二種類の天秤を使い分けよう、ということで「二重の基準論」と呼ぶわけです。

　どのように天秤を使い分けるかというと、**精神的自由権**が規制される利益として天秤に乗っている場合、支点は精神的自由権の方に傾きやすい位置に設定されます。これに対して**経済的自由権**が規制される利益として天秤に乗っている場合の支点の位置は、規制することで得られる利益の方に傾きやすく設定されるわけです。つまり、精神的自由権の規制については、そうそう簡単には規制する利益の方には傾かないよ、よほど重要な利益が認められない限りその規制は正当化されないよということになります。その規制が本当に必要なのかど

うか厳しく審査される、と言っていいでしょう。一方、経済的自由権の規制については、規制する利益の方に比較的容易に傾きやすくなります。その規制が正当かどうかの審査が緩やかになるわけですね。

　精神的自由権に対する規制立法に対しては厳格に審査が行われるということは、憲法違反なのではないか、という推定を働かせる、ということでもあります。一方、経済的自由権に対する規制立法に対しては緩やかな審査が緩やかになるということは憲法違反なのではないかという推定が働きません。なぜでしょう。

5　二重の基準論の根拠って何だろう

　「二重の基準論」が主張される根拠としてあげられているのは大きく2つあります。1つは民主政の政治過程との関係です。「**投票箱と民主政**」と説明することもありますね。もう1つは「**裁判所の審査能力の限界**」の問題です。順にみていくことにしましょう。

　まず1つ目の投票箱と民主政との関係です。わが国は憲法の前文にあるように「主権者」である国民は「正当に選挙された国会における代表者を通じて行動」すると定められています。いわゆる間接民主制と呼ばれるものですね。つまり、日本国民は1人ひとりが常に国政に関する意思表示をしながら生活するのではなく、選挙を通じて選出した代表者、ここでは国会議員を意味することになりますが、彼らに国政を委ねることになるわけです。さて、そうするとその代表者に対して国民は選挙を通じて自らの意思表示をすることになるわけですが、国民が選挙において自らの自由な意思を表示するためには様々な意見を聞き、また自らも発信できることが前提条件になります。国民としては、様々な意見・情報を収集し、判断して選挙に臨むわけです。そういった情報の流通は、主権者としての国民が自らの意思でもって選挙すなわち投票箱に臨む前提条件でもあるわけです。そのような情報の流通を保障しているのが政治活動の自由を含む表現の自由ということになります。その意味では表現の自由は民主主義の根っこの部分を支えているともいえるのです。もしここの部分が不当に規制されてしまったらどうなるでしょう。主権者である国民は選挙において、何が問題なのか、どういったことが争点となっているのか、それらに対して正

しい判断を下せなくなります。となると、主権者としての意思決定が歪められた選挙となりかねません。それは民主主義を根っこの部分から枯らせてしまうことにもなりかねません。「正当に選挙された国会における代表者を通じて行動」することができなくなるわけです。選挙を通じた民主主義のプロセスが壊されてしまうと、これは容易には元に戻すことができません。となると、最後の拠り所となるのは選挙とは関係のない裁判所の違憲立法審査制度を通じて、不当な規制を「憲法違反であり無効である」と排除していくほかないわけです。ですので、違憲立法審査権を行使する裁判所は、本当にその規制が必要なものであるのかを厳しい目で審査してもらわねばなりません。「ひょっとしたら憲法違反なのではないか？」という疑いの目でもって審査してもらう必要があるわけです。そういったことで表現の自由を中核とする精神的自由権を規制する立法に対しては厳格な審査基準が妥当することになるわけです。

　もう１つの裁判所の審査能力の限界、というのは、経済的自由権に対する規制の場合に起こりえます。先にも述べましたように、経済的自由権に対する規制というのは、時には経済政策・福祉政策を実現するために行われます。ですが、そういった各種政策が妥当なものかどうか、その判断には様々な情報やデータを必要とするため、裁判所の方では判断が難しいのです。むしろそういった情報を収集し分析し政策を立案していく能力としては、行政や立法の方が優れているといえるでしょう。であるならば、まずはその規制立法を制定した国会の判断を尊重し、裁判所としては明らかに憲法違反であるという場合を除いては違憲無効と判断しない、という態度が取られるのです。仮にその立法に問題があるとしても、この場合は主権者である国民は選挙を通じての意思表示ができるわけですから民主主義のプロセスの中で是正していくことも可能であるわけです。

　こういったことから、人権の性質に応じて審査基準を分けるべきだ、とされているのです。

Ⅱ　憲法の人権保障は、どんな場面で適用されるのでしょう？

1　憲法の人権保障が及ぶ場面とは

　本日の話のポイントでもある「人権がどこまで保障されるのか」という話は、どういう場面で保障されるのか、という話でもあります。

　第一回目の講座の話にも関わってきますが、そもそも憲法というものは国家に対する規範です。ですから、憲法が人権を保障するというのは、国家に対して私たちの有する人権を不当に侵害することを禁じているものです。憲法の人権保障というのは伝統的には、まず国家に対して向けられるのです。大きな権力を握っている国家が、弱い立場の個人に対し権利自由の侵害という攻撃を加えた時に、弱い立場にある個人の「最後の楯」としての役割を担っているもの、それが人権なのです。

　かつては個人の権利を侵害するような大きな権力は国家以外に想定されなかったのですが、こんにちでは国家に匹敵するような大きな権力をもった組織などが個人を攻撃することがあります。これは会社や組合など様々なものが考えられるのですが、そういった個人の力よりも巨大な力を持つ組織などが、その力を個人に向けて攻撃してきた場合、元来国家に対する楯としての役割を担っていた憲法の人権規定を適用していいだろうか、というのがここでの問題です。この大きな権力、国家権力に対して社会的権力と呼びますがこれは国家ではありません。法的にいえば私人ですから、私人と私人の間で人権侵害が起こっている事態をどうするのか、ということです。これを**人権の私人間効力**の問題といいます。

2　この問題の考え方

　さて、国家権力ではない社会的権力による人権の不当な侵害に対して、どう対処すればよいのか。

　あくまでも憲法の保障する人権規定は国家との関係において定められているんだ、この点を重視すれば、憲法の規定を私人間における人権侵害に対して適用することはできない、という考え方ができます。このような考え方を無効力

説とか、無適用説、と呼んでいます。私人間の人権侵害に対しては法律の制定や解釈で解決できるので憲法の規定を持ち出す必要はない、というものですね。

ただ、実際に人権の侵害がある場面で憲法が何もしない、というのでは問題だともいえそうです。ですので、いっそのこと憲法の規定を直接持ってきて解決してしまおう、という考え方もできます。憲法の規定を私人間にも直接適用できるべきだ、という考え方を直接適用説と呼んでいます。私人間における人権侵害に対しても、「憲法違反である」と裁判所は判決を下すことができる、ということです。

分かりやすい考え方ではあるのですが、大きな問題もあります。それは人権を侵害しているとされる社会的権力の側にも、人権が保障されている、ということです。国家権力によって一方的に人権侵害と認定されてしまった場合、もう一方の側に本来あるはずの人権や利益が、国家によって義務へと変わってしまうのではないかという懸念があります。

そこで、現在の通説と考えられているのは、間接適用説と呼ばれる考え方です。これは私人間における人権侵害に対し、直接憲法を持ち出してくるのではなく、私法の領域にある法を適用して解決しよう、その際に憲法の趣旨をその私法の規定を解釈する際に取り込んでいこう、という考え方です。実際に私人間の人権侵害において適用されるのは私人間の関係を規律する私法の規定、具体的な例としては民法90条のような規定です。民法90条は「公の秩序又は善良の風俗に反する事項を目的とする法律行為は、無効とする。」と定めていますが、問題となっている私人間の行為が、いわゆる公序良俗に反するかどうか、その判断に憲法の人権規定の趣旨を取り込んで判定していこう、という考え方なのです。ですから、私人間における人権侵害の舞台には私法上の規定が表舞台に上がり、憲法の規定はあくまでも裏方に徹するわけです。現在のところこの考え方が通説とされています。

3 裁判所はどう考えているのでしょう

私人間効力の問題の代表的事例に**三菱樹脂事件**（最大判昭和48年12月12日民集27巻11号1536頁）と呼ばれる事件があります。これは大学在学中に学生運動に参加していたものの、三菱樹脂の採用試験の際にはそのことを申告しなかった

ため、試用期間の後の本採用を拒否されたため、採用拒否は思想良心の自由を侵害するとして地位確認の訴えを起こしたものです。この事件の中で争われた憲法上の争点はまさに憲法の人権規定、この場合は19条と14条ですが、これが私人間にどのような形で適用されるのか、という点のほか、特定の思想、信条を有することを理由とする雇入れの拒否は許されるかといった点でした。

　最高裁判所は、「憲法の人権規定は、もっぱら国または公共団体と個人の関係を規律するもので、私人相互の関係を直接規律するものではない」と述べ、直接適用説を否定しています。続けて、「その態様、程度が社会的に許容しうる限度を超えるときは、これに対する立法措置によってその是正を図ることが可能であるし、また、場合によっては、私的自治に対する一般的制限規定である民法一条、九〇条や不法行為に関する諸規定等の適切な運用によって、一面で私的自治の原則を尊重しながら、他面で社会的許容性の限度を超える侵害に対し基本的な自由や平等の利益を保護し、その間の適切な調整を図る方途も存する」と述べている点は、最高裁判所として間接適用説を採用しうることを示す部分といえるでしょう。

　そのうえで、企業には「契約締結の自由を有し、……いかなる者を雇い入れるか、いかなる条件でこれを雇うかについて、……原則として自由にこれを決定することができるのであつて、企業者が特定の思想、信条を有する者をそのゆえをもつて雇い入れることを拒んでも、それを当然に違法とすることはできない」とも述べ、「企業者が、労働者の採否決定にあたり、労働者の思想、信条を調査し、そのためその者からこれに関連する事項についての申告を求めることも、これを法律上禁止された違法行為とすべき理由はない。」としています。

　これとは別の事例もあります。会社における就業規則で、男性と女性の定年年齢が異なっているのは性別に基づく差別ではないかと訴えられた事例があります。**日産自動車事件**（最判昭和56年3月24日民集35巻2号300頁）と呼ばれる裁判で、当時の就業規則では男性55歳、女性50歳が定年とされていました。これを違法として従業員である女性が訴えたのですが、最高裁判所は、「女子の定年年齢を男子より低く定めた部分はもっぱら女子であることのみを理由として差別したことに帰着するものであり、性別による不合理な差別を定めたものとして民法90条の規定により無効であると解するのが相当である（憲法14条1項、

民法1条ノ2参照）」と述べています。ここで気をつけてもらいたいのは、あくまでも民法90条により無効としているのであって憲法14条により無効とはしていない点です。民法90条の公序良俗に反するから無効だとしているのは、間接適用説の立場をふまえているからですが、なぜ公序良俗に反しているかというとそれは憲法の定める法の下の平等に反するからだ、ということなのですね。

おわりに

　本日の講座では、人権というものは無制限に保障されるというものではなく、人権そのものにも限界はあるし、適用される場面にも制約がある、というお話でした。例外的に「公共の福祉」による制約を受けないものもありますが、基本的に人権というものは内在的に制約があるといえるのです。

　ですが、だからといって「人権だって限界はあるんだ」という点を強調しすぎるのもよくないでしょう。先にもお話ししたように、「公共の福祉」は時代劇で見かける「葵の御紋」とは違うのです。人権にも限界はある、ですが、その限界とは何なのかどのようなものなのか、という点をしっかりと理解しておく必要があるわけです。

　ご清聴ありがとうございました。

┌─ 質疑応答の時間 ─
│　●投票箱と民主政

受講者：投票箱と民主政というは、選挙のことだと思うのですが、それが表現の自由が規制されるとどうして国民は正しい判断を下せなくなるといえるのでしょうか？

鵺鵲（かんじゃく）：そうですね、たとえば、ある年に国会がとんでもない法律を制定してしまったとしましょう。この法律はとんでもない問題がある、大変危険な法律だ、直ちに廃止すべきだ、そう考える人たちがいた場合、その意思表示は選挙によって行われるわけです。これが間接民主主義の基本ルールですね。ですが、それがごく一部の人たちだけの問題意識にとどまっていては、選挙に影響を及ぼすことができないでしょうから、多くの人たちにこの法律の問題や危険性を知ってもらい、この法律に反対する意思を共有していかないといけません。そのためには、いろんな方法で多くの人に伝えねばならないのですが、そ

の手段としてはデモやビラ配り、街頭演説、報道やインターネットなど様々なものが考えられます。有権者はそういった活動を見聞きし、賛同するところがあれば支持が集まりやがて世論へとつながっていくわけです。世論として形成されれば、次の選挙の時にはその法律を支持する候補者を落選させ、法律に批判的な候補者を当選させることも可能ですし、そうすることでその法律を廃止することが可能になるわけです。その意味では表現の自由は民主主義を支える根幹の部分だといえるわけです。

　ですから、表現活動を規制するということは、この民主主義の根っこを枯らせてしまうことになります。表現活動が規制されるとその法律に反対する人たちは、他の有権者に向かってその法律のどこに問題があるといえるのか、どのような危険性が潜んでいるのか、という情報を伝えることができなくなりますから、有権者の方も情報が届かないままに選挙に臨むことになってしまいます。何が選挙の争点になりうるのか、という情報を知らずに投票するのでは、この問題があるとされている法律を、選挙を通じて廃止するという民主主義のプロセスの中では実現できなくなってしまう可能性があるのですね。

　そのためにも表現の自由を中核とする精神的自由権が規制されている場合、民主主義のプロセスとは一応切り離されている裁判所が毅然とした態度で判断してもらう必要があるわけです。

●私人間効力

受講者：私法の領域に憲法が直接適用されると、人権が義務になってしまうと言われていましたが、どういうことでしょうか？

鶴鵲：私法の領域には私法の領域に妥当する基本原則があります。私的自治の原則といわれるものですが、代表的なものに契約自由の原則があります。簡単にいうと、誰とどのような形でどのような契約を結ぶのか、場合によっては結ばないのかも含めて国家は干渉しないというものですね。ですから、お買い物に行ったら馴染みのお客さんだからという理由で商品を値札よりも少しまけてくれた、なんていうことも一向に構わないわけです。ですが、そこに憲法が直接出てくると、「憲法は法の下の平等を定めているのだから全員値札通りに売れ、値引きは憲法違反だ」とかいわれてしまうことになりかねません。商品をいくらで誰に売るのかというのは売主の経済活動の自由であるべきなのに、値札通り売る義務、ということになりかねないわけですね。

第9講　憲法に書かれていない権利は認められるか？

はじめに

本日の講座を担当する犬田です。

本日のテーマは、**包括的人権規定**です。ここでは、**表現の自由、学問の自由、職業選択の自由**といった個別の権利の前に置かれた13条の「**幸福追求権**」とは何か、裁判の場では憲法の個別の権利と同時に問題にされることが多い14条の「**法の下の平等**」を中心に考えていきます。これらの権利をここでは「包括的人権規定」と呼んでおきます。

Ｉ　個人１人ひとりの価値を大切にすること

13条は「すべて国民は、個人として尊重される」と規定する前段部分と、「生命、自由及び幸福追求に対する国民の権利については、公共の福祉に反しない限り、立法その他の国政の上で、最大の尊重を必要とする」と規定する後段部分に分かれます。

1　個人の尊重

まず前段の**個人の尊重**について確認します。戦前は、女性や子どもが家のなかで従属的な地位に置かれたり、国民が国や社会に奉仕することが強いられたりしました。日本国憲法はこうした点を踏まえ、個人の尊重を規定したのです。24条2項には「**個人の尊厳**」という文言が用いられています。13条の個人の尊重は個々人を尊厳をもって扱うことを命じているので、13条の個人の尊重と24条2項の個人の尊厳はほぼ同様の意味で理解できます。

2　生命の権利

後段部分は「生命、自由及び幸福追求」の権利を保障しています。これらを

法律文化社
出版案内

2024年版

新シリーズ[Basic Study Books：BSB]

＊初学者対象。基礎知識と最新情報を解説。

＊側注に重要語句の解説や補足説明。

＊クロスリファレンスで全体像がつかめる。

A5判・平均250頁

[BSB]
地方自治入門 2750円

馬場 健・南島和久 編著

歴史、制度、管理を軸に、最新情報を織り込んで解説。「基盤」「構造」「運営」「活動」の4部16章構成。

〈続刊〉

入門 国際法 2750円

大森正仁 編著

自治体政策学 3520円

武藤博己 監修
南島和久・堀内 匠 編著

入門 企業論 2970円

佐久間信夫・井上善博
矢口義教 編著

法律文化社　〒603-8053 京都市北区上賀茂岩ヶ垣内町71 TEL075（791）7131 FAX075（721）8400
URL:https://www.hou-bun.com/　◎価格税込

資格試験対応書籍

ソーシャルワーク論Ⅰ
●基盤と専門職
木村容子・小原眞知子 編著　2860円

SOCIAL WORK THEORY 1

ソーシャルワーク論Ⅰ
基盤と専門職

社会福祉士・精神保健福祉士養成課程の共通科目「ソーシャルワークの基盤と専門職」の基本テキスト。ジェネラリストソーシャルワークの視点から、体系的に理解できるよう構成。

ソーシャルワーク論Ⅱ
●理論と方法
小原眞知子・木村容子 編著　2970

SOCIAL WORK THEORY 2

ソーシャルワーク論Ⅱ
理論と方法

社会福祉士養成課程の科目「ソーシャルワークの理論と方法」「ソーシャルワークの理論と方法（専門）」のテキスト。より深く詳細に学んでいき、示されたカリキュラムの体系的な理解を促す

まとめて「幸福追求権」と呼ぶことが多いのですが、最近は「生命」の権利はあらゆる人権の基礎にあるものですし、他の条文ではっきりと保障されていないので、特別な意味をもたせるべきだという意見もあります。たとえば死刑は36条にいう「残虐な刑罰」にあたるかどうかが問題になりますが、13条の生命の権利を侵害するという意見もあります。また、諸外国の判例では、国家が国民の生命を守る義務を果たさないことが憲法・法律等に反するとするものがあります。日本国憲法13条もこのような義務を含んでいるという見解もあります。

3　幸福追求権の法的意義

さて、「幸福追求権」はどのような意味をもつのでしょうか。憲法には表現の自由、学問の自由、職業選択の自由などの具体的権利が並べられています。ところが、憲法ができてから社会が変化し、今まで意識されなかった権利が問題になることがあります。たとえば高度成長の時代に環境汚染がひどくなって「環境権」が議論されたり、情報化が進展して「プライバシー権」が議論されたりしました。このような場合、96条の規定を使って憲法改正をして、これらの権利を書き込むことができます。しかし憲法改正の手続は特に厳格で、日本ではまだ一度も改憲が行われていません。やはり社会の変化に応じて、多少柔軟に憲法を解釈することを認めたほうがよいと考えられています。そこで、新しい権利を「幸福追求権」として13条で保障していこうという考えが生まれたのです。

当初は、幸福追求権は個別の人権の総称にすぎず、具体的な権利を引き出すことはできないという見解もありましたが、現在は幸福追求権は裁判で主張できる具体的な権利の根拠になると考えられています。

最高裁も京都府学連事件（最大判昭和44年12月24日刑集23巻12号1625頁）で、同じ見解を採用しています。この事件は次のようなものです。学生運動が盛んな時代に京都で学生によるデモが行われました。デモ隊が事前の許可条件に反する行進を行ったとして、ある巡査がデモ隊の先頭集団を写真撮影しました。これに抗議した学生が、巡査に傷害を与え、傷害罪、公務執行妨害罪で起訴されます。学生はこの撮影は違法だから、このうち公務執行妨害罪は成立しないと主張します。1・2審とも学生の主張を認めなかったので、学生は、撮影が「肖像権」を保障した13条に違反する等と主張して上告しました。

最高裁は次のように述べました。「憲法13条は、……国民の私生活上の自由が、警察権等の国家権力の行使に対しても保護されるべきことを規定しているものということができる。そして、個人の私生活上の自由の一つとして、何人も、その承諾なしに、みだりにその容ぼう・姿態を撮影されない自由を有する」。「これを肖像権と称するかどうかは別として、少なくとも、警察官が、正当な理由もないのに、個人の容ぼう等を撮影することは、憲法一三条の趣旨に反し、許されない」。13条が「私生活上の自由」を保障し、そこに「承諾なしに、みだりにその容ぼう・姿態を撮影されない自由」が含まれるとしたのです。ただしこの事件でなされた撮影は、証拠を押さえる必要性と緊急性があったし、方法も許容限度内の相当なものだったから適法とされました。

　それでは、幸福追求権にはどのような権利が含まれるのでしょうか。おおむね２つの学説が対立しています。一方の学説（一般的行為自由説）は、散歩や飲酒などのあらゆる人間の行為が含まれるといいます。他方の学説（人格的利益説）は、個々人が自己の人格を維持して生きていくために不可欠な権利だけを含むといいます。この説によるとプライバシーの権利は幸福追求権に含まれるが、散歩や飲酒などは含まれないことになります。

　一般的行為自由説によるとあらゆる人間の行為が幸福追求権によってカバーされ、人権全体の価値を下げてしまう問題があるので、多くの学説は人格的利益説を支持します。ただ、どちらの説もあまり大きな結論の差異を生まないともいわれます。一般的行為自由説はあらゆる行為をすべて一律にかつ同程度に保障するとはいいません。逆に人格的利益説は人格的生存に不可欠な権利でなくても、法の一般原則によって保障することを否定しないのです。そのような原則の一例として「比例原則」、つまり法による制約は制約の目的と釣り合っていないといけないという原則があります。たとえば学生の髪型の自由を制約することはできても、男子全員に丸刈りを強制することは比例原則に違反するおそれがあります。最高裁は人格的利益説に近い考えをとっています。

　ちなみに、裁判所が13条を根拠にして次々に新しい権利を認めるのは民主主義との関係で問題だという意見もあります。裁判官は選挙で選ばれていません。憲法改正という国会、国民の意思を反映した手続を経ずに裁判所が権利を生み出すのは、民主主義に反する側面があるのです。権利の保護の必要性と民

主主義の原則との間でバランスをはかる必要があるのです。

4　幸福追求権によって保障される権利

　幸福追求権には具体的にどのような権利が含まれるでしょうか。これまで人格権、プライバシーの権利、環境権、日照権、静穏権、眺望権、嫌煙権、アクセス権、平和的生存権、名誉権などが主張されてきました。最高裁は人格権、プライバシーの権利、名誉権などを幸福追求権の一部として保障されることを認めています。

　(1)　**プライバシーの権利**　　まずプライバシーの権利について確認します。この権利はもともと「ひとりでいさせてもらう権利」、つまり私生活の秘密を守るものとして登場しましたが、情報化が進むにつれて、より広く自分の情報を自分でコントロールする権利として捉えなおされました。この説は、たとえば国や地方自治体が保有する個人情報の閲覧、訂正、削除を求める権利が保障されると考えます。

　プライバシーの権利を初めて認めた判例として、**「宴のあと」事件**（東京地裁昭和39年9月28日下民15巻9号2317頁）が有名です。この事件の概要は次のとおりです。著名な作家の三島由紀夫が、元政治家とその前妻をモデルにした小説を連載しました。この小説は、2人をモデルにした男女間の私生活の事実を具体的に描いていました。元政治家の男性がプライバシーの侵害を主張して、三島と出版社に対して謝罪広告と損害賠償を求めました。東京地裁はプライバシーの侵害を認め、被告に80万円の損害賠償の支払を命じました。判決ではプライバシーが法によって保護された権利であることを認めたうえで、この権利は次の要件をクリアすれば侵害が認められると述べました。公開された内容が、①私生活上の事実または私生活上の事実らしく受け取られるおそれのあることがらであること、②一般人の感受性を基準にして当該私人の立場に立った場合公開を欲しないであろうと認められることがらであること、③一般の人々に未だ知られていないことがらであることです。こうした内容を公開することで、当該私人が実際に不快、不安の念を覚えた場合に違法になるとされました。

　最高裁はプライバシーの権利にあたるものとして、「私生活上の自由」という言葉を使っています。最高裁は私生活上の自由は漠然としているので、それ

を丸ごと権利として保障しようとはしませんが、それが幸福追求権に含まれるとは考えています。そして、私生活上の自由の中に含まれる様々な自由を個別に保障しています。

　上記の京都府学連事件では、13条が国民の私生活上の自由を保障しているとしたうえで、その中に「承諾なしに、みだりにその容ぼう・姿態を撮影されない自由」が含まれると述べました。また、かつて外国人登録法が登録の際に指紋押捺を義務づけていたことが、プライバシーの権利を侵害するとして争われた訴訟で、最高裁（最判平成7年12月15日刑集49巻10号842頁）は、私生活上の自由の1つとして「みだりに指紋の押なつを強制されない自由」があると判示しました。また、住民基本台帳ネットワーク・システムによる住民の個人情報の収集、管理、利用は、プライバシー権その他の人格権を違法に侵害すると主張して住民が訴えた事件（最判平成20年3月6日民集62巻3号665頁）では、最高裁は、私生活上の自由の1つとして「個人に関する情報をみだりに第三者に開示又は公表されない自由」があると判示されました。

　早稲田大学で行われた江沢民中国国家主席（当時）の講演会に出席した学生の学籍番号、氏名、住所、電話番号が記載された名簿を、学生の同意なしに大学当局が警視庁に提出したことが争われた事件（最判平成15年9月12日民集57巻8号973頁）では、「プライバシー」という言葉が用いられましたが、実質的に上記の判例と同じ方法論をとっています。最高裁は、本件個人情報は、秘匿の必要性が高くないものの、「自己が欲しない他者にはみだりにこれを開示されたくないと考えることは自然なことであり、そのことへの期待は保護されるべきものである」と述べました。そして、本件個人情報は、学生の「プライバシーに係る情報」として法的に保護されると考えました。

　なお、弁護士法の規定に基づく弁護士会の照会に応じて、京都市中京区の長がある者の前科および犯罪経歴を報告・回答したことが違法であるとして訴えがなされた事件（最判昭和56年4月14日民集35巻3号620頁）では、最高裁は、前科および犯罪経歴は人の名誉・信用に直接にかかわる事項なので、それがみだりに公開されないことは法律上の保護に値する利益であると述べ、前科の公開を違法と判断しました。私生活上の自由（またはプライバシー）という言葉は使われていませんが、そこに含まれる利益の保護を図っているものといえるで

しょう。

　ちなみに表現の自由とプライバシーの権利はしばしば衝突します。この問題については11章をご参照ください。

　(2)　**自己決定権**　　自己決定権とは、自分に関する事柄について国や地方自治体に干渉されずに自分で決定する権利のことです。①生命・身体に関する自己決定権、②家族の形成・維持に関する自己決定権、③ライフスタイルに関する自己決定権に分けて議論されることが多いといえます。

　①が問題になったものとして、エホバの証人輸血拒否事件（最判平成12年2月29日民集54巻2号582頁）があります。宗教上の信念からいかなる場合にも輸血を拒否するという固い意思を有していた者が悪性の肝臓血管腫を患い手術を受けました。事前に宗教上の理由で輸血はできないと説明していたにもかかわらず、手術の際に輸血をしないと命に関わると判断した医師が輸血を実施したため、医師らが不法行為で訴えられました。最高裁はこのような患者の「意思決定をする権利は、人格権の一内容として尊重されなければならない」として、患者側の主張を認めました。

　このほか①について、安楽死と尊厳死の権利が問題になりますが、日本ではそのような権利は法律上認められていません。そのため、医師が患者の苦痛を取り除くために致死量の薬を与えた場合などには、医師が自殺幇助罪などの罪に問われうるのです。最高裁はこうしたケースに対処するための基準を示していませんが、下級審判例では東海大学病院事件（横浜地判平成7年3月28日判時1530号28頁）があります。この事件では、医師が入院していた末期がん患者に塩化カリウムを投与して死に至らしめ、殺人罪に問われました。地裁は医師によるこのような行為が許容される要件として、[1]患者に耐えがたい激しい肉体的苦痛が存在すること、[2]患者は死が避けられず、その死期が迫っていること、[3]患者の肉体的苦痛を除去・緩和するために方法を尽くし他に代替手段がないこと、[4]生命の短縮を承諾する患者の明示の意思表示があることをあげました。ただこれらの要件をクリアして無罪になった医師はまだおらず、この基準の有効性や妥当性ははっきりしません。

　②については、妊娠中絶の自由が問題になります。母体保護法14条1項で中絶できる場合は限定されており、自由に中絶することは法律上認められていま

せん。ところが14条１項１号の「経済的理由」という文言が緩やかに解釈され、事実上自由に中絶が行われています。カトリック教徒が多い国ではこの自由が激しく争われていますが、日本ではこのような宗教的な観点からの議論もほとんどみられません。

　③について、これまで最高裁で喫煙の自由、バイクを運転する自由などが争われてきましたが、最高裁はこれらの自由が13条の幸福追求権に含まれるとは明確に述べていません。

　(3)　**環境権**　　環境権は良き環境を享受する権利といえます。大阪空港公害訴訟（最大判昭和56年12月16日民集35巻10号1369頁）では環境権などを根拠に夜間の航空機の発着差止めなどが請求されましたが、最高裁は環境権について判断せずに事件を処理しました。それ以降、最高裁も下級裁判所も明確に環境権を認めていません。

　(4)　**名誉権**　　名誉を不当に害された場合、社会生活において必要な自律的決定が困難になるおそれがあるため、名誉権は人格権の１つとして13条により保護されると解されています。日本では、民事（民709条）においても刑事（刑230条）においても名誉毀損は違法とされます。表現の自由との衝突については11章を参照してください。

　最高裁は北方ジャーナル事件（最大判昭和61年６月11日民集40巻４号872頁）で、「人格権としての個人の名誉の保護（憲法13条）と表現の自由の保障（同21条）」の調整が必要になると述べ、名誉権が13条の保護を受けることを確認しています。

　ちなみに、この判示部分から明らかなように、最高裁は人格的利益の総体である「人格権」が13条の保障を受けると考えています。ただ、人格権は名誉権やプライバシー権などを包摂する射程の広い権利であるため、それ自体の保障の是非が直接問題とされることはほとんどないと思われます。

Ⅱ　国民みんなを「等しく」扱うことの意味

　続いて14条に移りたいと思います。14条は、１項で「すべて国民は、法の下に平等であつて、人種、信条、性別、社会的身分又は門地により、政治的、経

済的又は社会的関係において、差別されない」と規定しています。２項は「華族その他の貴族の制度」を禁止し、３項は「栄誉、勲章その他の栄典の授与」が特権を伴わないこと、「栄典の授与」が一代に限って効力を有することを規定しています。今回はこのうち最も重要な１項に限ってお話しします。

1　「平等」とは何か？

14条１項にいう「平等」の意味について争いがあります。

第１に、「平等」というものを形式的にとらえるべきか、実質的にとらえるべきかが議論されています。かつては平等とは個々人を文字通り等しく扱い、みんなに等しい機会を与えることだと考えられました。ところが、この考え方は徐々に修正されます。まず障害などの自分の力ではどうしようもない要因でハンディキャップを負ってしまった人びとも世の中にはたくさんいます。そのような人びとも形式的に平等に扱ったら、逆に不平等になってしまいます。また、ハンディがないとしても、頑張って働いたのにリストラにあって、食べていくだけのお金を稼げない人びともたくさんいます。そのような人びと全員に対して、平等に機会が与えられたから仕方がないと割り切ることも適切ではありません。そこで、このような個々人の現実もふまえて、形式的、機械的な平等取扱いの原則に修正を加えていくようになりました。

この平等取扱い原則の修正をさらに進める議論もあります。多くの国々では、過去に過酷な差別を受けた集団がいます。アメリカの黒人や先住民、多くの国の女性がその例です。この場合、個々人の現実の差異をふまえて多少の修正を施しても、他の集団になかなか追いつけません。そこで多くの国々では、公務員の試験や大学・大学院の入試などで特定の集団の優先枠を設けたり、それらの集団に特別な奨学金を与えたりするような措置がなされてきました。アファーマティブ・アクション、ポジティブ・アクションと呼ばれるものです。ただ、このような措置はしばしば多数派の側から「逆差別」だと批判されます。

第２に、「平等」というものを絶対的にとらえるべきか、相対的にとらえるべきかが議論されています。たとえば男女には生理的・身体的な相違がありますが、そうした相違をふまえて男女を異なったやり方で扱うことは可能でしょうか。これについて学説は、合理的な理由があれば異なった扱いが可能である

と考えます。つまり「平等」を絶対原則ではなく相対的なものと理解するのです。最高裁（最大判昭和25年10月11日刑集4巻10号2037頁）も同じ立場に立っています。この判例は後で紹介する尊属傷害致死罪の規定に関するものです。判決は「尊属」を手厚く保護することに合理的根拠があり、14条に違反せず合憲としました。

第3に、「平等」は原則なのか、権利なのかが議論になっています。この点、一般的には「平等」は両者を含むと考えられています。つまり、14条の「平等」には、国が国民を合理的な理由なく別異に扱ってはならないという原則と、国民が合理的な理由がない限り等しく扱われる権利が含まれるのです。

それでは、後者の平等権はどのような内容のものなのでしょうか。通常差別を受けるときは、必ず勤労の権利、学習する権利、公共施設を利用する権利、年金を受給する権利など、別の権利が侵害されるので、平等権というのはそれ自体無内容で、独立したものでないという見解と、平等権は「尊厳をもって扱われる権利」のような、独立の内容をもった権利だという見解が対立しています。昔アメリカであった白人と黒人を別々の学校に通わせる制度に対し、児童の学ぶ権利の侵害だと批判しても本質を突いていません。このケースでは黒人という集団、またそれに属する個々人の尊厳を軽んじていることこそが問題です。個人を1人の人格として扱わなかったり、ある集団全体の存在を否定したりするような政府の行為に対しては、平等権を独立の内容をもつとみなす学説が力を発揮するでしょう。

2　人種などの「後段列挙事由」について

14条1項は「人種、信条、性別、社会的身分又は門地」を並べています。これらは一般に、14条1項の後半部分に列挙されているので「後段列挙事由」と呼ばれます。後段列挙事由には特別な法的意味はあるのでしょうか。最高裁は、この「後段列挙の事項は例示的なものである」と解しています（尊属殺重罰規定に関する後掲最大判昭和48年4月4日等）。学説もこれを「例示」と理解しますが、これらの事由による差別が歴史的に特に深刻だったことなどを理由に特別な意味を持たせる説もあります。たとえばある学説は、後段列挙事由の「人種」などに基づく別異取扱いが行われたときは、14条違反であると推定

し、その扱いをした政府に合理的な理由があったことを証明させるべきだといいます。なお、多くの学説はこうした差別の事由とは別に、思想の自由、表現の自由など裁判所が手厚く保障する必要のある権利に関係して別異取扱いがなされるときも、同じように政府に重い証明責任を負わせるべきだと考えます。

　続いて後段列挙事由を個々に確認します。まず「人種」は、日常使われる意味より少し広い意味で解釈されます。日本も加入している人種差別撤廃条約の１条では、「人種」は「人種、皮膚の色、世系又は民族的若しくは種族的出身」と定義されていますが、14条の「人種」もこのように「民族」を含めて広く解釈されます。日本ではこうした民族差別、特に在日朝鮮人、アイヌ民族に対する差別が深刻な問題です。在日朝鮮人については近時**ヘイト・スピーチ**が深刻化しています。また、国による無償化措置からの朝鮮学校の排除が14条の禁止する人種差別にあたると主張されています。アイヌ民族については、国会が2019（令和元）年４月に**アイヌ民族支援法**を制定し、ようやく法律上アイヌ民族が先住民と明記されたところで、今後少数民族としての権利をどのように保障していくか検討が必要です。

　「信条」は歴史的には宗教的信仰を意味しましたが、現在では思想や世界観なども含むと解されているので、19条の思想・良心の自由と重なります。労働基準法３条は賃金などの労働条件に関して信条による差別的扱いをすることを禁止しています（最判昭和48年12月12日民集27巻11号1536頁〔三菱樹脂事件〕参照）。

　「性別」は男女の別のことです。日本には深刻な女性差別が存在してきました。戦前には女性に参政権は与えられず、ようやく1945（昭和20）年12月に国政レベルでの選挙権が女性に付与されました。また、戦前の民法では妻は一種の無能力者として扱われていました。さらに、戦前の刑法には妻にのみ姦通罪が定められていました。現在の法律にも女性差別が疑われるものがあります（判例については後で適所で触れます）。結婚できる年齢を男性18歳、女性16歳に区別する民法731条の規定、離婚をした者のうち女性にのみ100日の再婚禁止期間を設定する民法733条の規定、結婚した夫婦に男女いずれかの氏を称することを求める民法750条の規定があります。ちなみに婚姻年齢については2022（令和４）年から男女ともに18歳となります。雇用の場面では、1985（昭和60）年に男女雇用機会均等法が制定され、1999（平成11）年に男女共同参画社会基

本法が制定されるなど法律は整備されてきましたが、依然として賃金格差の問題があります。また、日本では女性取締役が少なく、特定の職業で女性比率が低いという問題があります。

　日産自動車事件（最判昭和56年3月24日民集35巻2号300頁）では定年年齢を男女で分ける会社の就業規則は、「専ら女子であることのみを理由として差別したことに帰着するものであり、性別のみによる不合理な差別を定めたものとして民法90条の規定により無効である」とされました。ここでは括弧書きで14条1項が引用されました。

　「社会的身分」の意味については争いがあります。これを①「出生によって決定され、自己の意思で変えられない社会的な地位」と解する説と、②「社会において後天的に占める地位で一定の社会的評価を伴うもの」と解する説、③「広く社会においてある程度継続的に占めている地位」と解する説があります。①が最も狭く、③が最も広く定義する説だといえます。学説では①・②説が支持されています。最高裁は高齢であったために地方公務員が待命処分を受けた（公務員としての地位は保ちつつ職務を与えられなかった）ことが14条に違反する差別だと争われた事件（最大判昭和39年5月27日民集18巻4号676頁）で、③に近い説をとりました。最高裁は、社会的身分を「人が社会において占める継続的な地位をいう」として、高齢は社会的身分にあたらないと述べました。①〜③のいずれの説をとるかで異なってきますが、一般に同性愛者、被差別部落の住民、**婚外子**等が「社会的身分」に該当すると考えられています。同性愛者については日本で同姓婚を認めていないことが法の下の平等に反しないかが議論されており、いくつかの自治体は同性パートナーシップ制度を設けています。被差別部落については2002（平成14）年までアファーマティブ・アクションの側面をもった同和対策事業が行われていましたが、その後は部落差別対策の根拠法がない状態が続きました。2016（平成28）年2月に部落差別の解消の推進に関する法律が公布、施行されました。婚外子の差別については後述のようにいくつかの重要判例が出されています。

　「門地」とは、家系や血統などの家柄を意味します。貴族制度の採用は門地による差別にあたりますが、これについては14条2項で特別に禁止されています。もちろん天皇・皇族は門地によって別扱いされていますが、憲法自体が設

けた例外なので14条違反とはなりません。

3　判　例

（1）　**違憲審査の方法**　　法の下の平等についてはたくさん判例があるのでここで紹介しておきます。最高裁はある法令が14条の法の下の平等に違反するかを審査するとき、その法令の「目的」と、その目的を達成するために選択された「手段」を順に審査し、別異取扱いに合理性があるかを判断します（目的手段審査）。そして、この審査のなかで「**立法事実**」と呼ばれる法令の基礎にある社会的事実を考慮します。

（2）　**課税における平等**　　まず課税における平等取扱いが争われた**大島事件**（最大判昭和60年3月27日民集39巻2号247頁）を紹介します。この事件は所得税の課税で、必要経費の控除のしかたがサラリーマン＝給与所得者と、自営業者などの事業所得者との間で異なることが不公平だと主張されました。たとえば800万円の総所得がある場合、100万円を控除される場合より、200万円を控除されたほうが得だといえます。前者の場合700万円に課税され、後者の場合は600万円に課税されるので、後者のほうがとられる税金が少なくなります。ところが、車やスーツなど仕事に必要な物を買うとき、サラリーマンの場合は原則としていちいち控除してもらえず、控除額が所得に応じて先に決められています。これに対して事業所得者は1つずつ控除してもらえます。

　これをある私立大学教授が差別だとして争いましたが、最高裁は訴えを退けました。最高裁は、租税法の分野では国会の「政策的、技術的な判断」に委ねるしかないので、「立法目的が正当なものであり、かつ、当該立法において具体的に採用された区別の態様が右目的との関連で著しく不合理であることが明らかでない限り、……これを憲法14条1項の規定に違反するものということはできない」というかなり緩い審査基準を使い、上記の別異取扱いは14条に違反しないとしたのです。国会の自由な判断の幅（＝裁量）を広く認めた判例といえます。ちなみに原告は裁判には負けましたが、この訴訟以降サラリーマンの必要経費の控除の額が段階的に引き上げられていきました。

（3）　**社会権と平等**　　いくつかの訴訟では、社会保障の給付を否定されたことが14条に違反すると主張されました。社会権（第14講）のところで詳しく紹

介する堀木訴訟（最大判昭和57年7月7日民集36巻7号1235頁）では、25条の違反とともに、14条の法の下の平等の違反が問題になりましたが、最高裁は25条の分野では「高度の専門技術的な考察とそれに基づいた政策的判断を必要とする」とし、国会の広い裁量を認め、「著しく合理性を欠き明らかに裁量の逸脱濫用と見ざるをえないような場合」以外は裁判所が介入しないという立場を示しました。14条に関しても、本件の「差別がなんら合理的理由のない不当なものであるとはいえない」として、あっさりと違憲の主張を否定しました。最高裁は、社会権の領域で一貫して国会に広範な裁量を認めるという立場をとり、法の下の平等の主張も退けてきたのです。

(4)　**婚姻の自由と平等**　　**婚姻の自由**の領域で2つの重要な法の下の平等の論議があります。すでに述べた民法733条の再婚禁止期間、民法750条の夫婦同氏制に関するものです。まず前者から確認します。かつて民法733条は、離婚をした場合に女性にのみ「6か月」間の再婚禁止期間を設けていました。しかし、この規定には合理性がなく、14条に反すると批判されていました。

　また学説においては、仮に再婚禁止期間を設けるとしても、「100日」で十分だと主張されていました。1996（平成8）年の法制審議会民法部会答申でも、100日に改めるべきだと指摘されました。

　この理由を簡単に解説しておきます。仮に女性が離婚して再婚し、その後出産したとします。民法772条によると、その女性が①結婚して200日経った後に出産した場合か、②離婚してから300日経った後に出産した場合は、生まれた子は新たな夫との子だと推定されます。①と②の差は100日なので、前の夫と離婚してから100日間待機期間を設ければ、①・②いずれに照らしても正真正銘、生まれた子は新たな夫との子だと推定されます。これに対して待機期間がたとえば50日なら、離婚してすぐに再婚した後250日から300日の間にできた子は、①によれば新たな夫との子、②によれば前の夫との子と推定され混乱が起きます。100日あればこの推定の重複を避けるのに十分ですが、昔は医療が発展していなかったので余裕を設けて6か月としていました。

　最高裁は1995（平成7）年の判決（最判平成7年12月5日判時1563号81頁）では、「民法733条の元来の立法趣旨が、父性の推定の重複を回避し、父子関係をめぐる紛争の発生を未然に防ぐことにある」と解したうえで、6か月の再婚禁止期

間を設ける民法733条の規定の合理性を認め、合憲判決を下しました。ところが最高裁は2015（平成27）年の判決（最大判平成27年12月16日民集69巻8号2427頁）で考えを変えました。最高裁は、DNA検査技術が進歩した現在でも再婚禁止期間を設けること自体の合理性はあるとしましたが、再婚禁止期間のうち100日までは合理性が認められるが、それを超える部分は違憲だと判断しました。医療が進歩するとともに家族や婚姻の実態が変化してきたこと等から、100日を超える期間は現在では合理性を欠くものとなったというのです。この判決を受けて、国会は2016（平成28）年6月に再婚禁止期間を100日に改める民法改正を行いました。

　次に**夫婦同氏制**についてみていきます。民法750条は上記のように夫婦同氏制を定めます。最高裁は最近の判決で民法750条を合憲と判断しました（最大判平成27年12月16日民集69巻8号2586頁）。最高裁は、①夫婦同氏制は13条によって保障される「氏の変更を強制されない自由」を侵害するという主張、②圧倒的に多くのケースで女性のほうが氏の変更を強いられているので、夫婦同氏制は14条に違反するという主張、③夫婦同氏制が24条にいう婚姻の自由や個人の尊厳を侵害するという主張のうち、①・②を簡単に斥け、③について詳しく検討しました。最高裁は、民法750条が「個人の尊厳と両性の本質的平等の要請に照らして合理性を欠き、国会の立法裁量の範囲を超えるものとみざるを得ない」場合には24条に違反するという基準を示したうえで、夫婦同氏制のメリット・デメリットを検討し、結論として、結婚後も旧姓を通称として使えることも考慮して合憲の判断を下しました。

　(5)　**婚外子の差別**　　最近まで民法900条4号は、法律婚を尊重する趣旨から婚外子の相続分を嫡出子の2分の1としていました。しかし、この規定は自分の力ではどうしようもない事由により差別するものであるとして、強く批判されてきました。最高裁（最大決平成7年7月5日民集49巻7号1789頁）は、民法900条4号の立法目的は「法律婚の尊重と非嫡出子の保護の調整を図ったもの」だと理解したうえで、婚外子の相続分を嫡出子の2分の1とすることはこの目的との関係で「著しく不合理であり、立法府に与えられた合理的な裁量判断の限界を超えたものということはできない」として、合憲の結論を下しました。

　この決定には5裁判官の反対意見が付されていましたし、その後の裁判でも

民法900条4号の合憲性を疑う意見が多く出されていました。そして、最高裁は最近の決定（最大決平成25年9月4日民集67巻6号1320頁）で判例を変更して民法900条4号を違憲としました。この決定では6つの理由があげられました。すなわち、①わが国における婚姻および家族のあり方に対する国民意識の多様化、②諸外国における婚外子差別撤廃の傾向、③自由権規約委員会により、婚外子を差別する規定の削除が勧告され、児童の権利委員会により本件規定に懸念が表明されていたこと、④わが国における婚外子をめぐる法制の変化、⑤法制審議会による本件規定改正案の提示、⑥最高裁の判決・決定において、繰り返し本件規定の合憲性を疑問視する少数意見が述べられていたことです。この決定を受けて、2013（平成25）年12月に民法900条4号が改正され、嫡出子と婚外子の相続分を差別する部分が削除されました。

　婚外子の差別が違憲とされた事例として、**国籍法事件**（最大判平成20年6月4日民集62巻6号1367頁）もあります。2008（平成20）年12月改正前の国籍法3条は、未婚の外国人の母と日本人の父との間に生まれ、出生後父により認知された子に対して、届出による国籍取得を認めていませんでした。①父母が結婚している場合、②出生前に認知された場合には国籍取得は認められていました。特に①の点は、子どもが嫡出子かどうかで国籍の付与を決めるもので、婚外子を差別するものだと批判されていました。最高裁は国籍法3条は立法目的、手段ともに制定されたときは合理性があったと考えました。ところが、国内外で婚外子の差別が撤廃されてきたことなどの社会の変化を理由に手段の合理性が失われたと判断しました。そして、上記の①・②ともに合理性がなく違憲と結論づけました。2008年12月にこの判決を受け、「父又は母が認知した子」であれば届出によって日本国籍の取得を認める法改正がなされました。

　(6)　**尊属加重規定と平等**　　かつて刑法には、いくつかの犯罪（殺人罪、傷害致死罪、保護責任者遺棄罪、逮捕監禁罪）を祖父母・父母などの「尊属」に対して犯した場合に刑を加重する規定がありました。これらの規定は戦前の封建的な思想や倫理を反映するもので、現行憲法の個人の尊重の理念に反すると批判されていました。最高裁（最大判昭和48年4月4日刑集27巻3号265頁）は刑法200条の**尊属殺人罪**の規定を憲法14条の法の下の平等に反すると判断し、違憲無効としました。ただ、多数意見は「尊属に対する尊重報恩は、社会生活上の基本

的道義」であり、「このような自然的情愛ないし普遍的倫理の維持は、刑法上の保護に値する」と述べ、尊属殺の刑罰を加重すること自体は問題がないと考えました。刑法200条が法定刑を死刑または無期懲役刑のみとしているのが、不合理な差別的扱いにあたるという理由で違憲としたのです。立法目的は合憲、手段が違憲というわけです。これに対して少数意見は尊属殺の刑罰を加重するという立法目的自体を違憲と断じました。多数意見が立法目的を合憲としたため、その後尊属加重規定は長らく刑法に残りましたが、1995（平成7）年に至ってようやく法改正に至り、尊属加重規定がすべて削除されました。

　(7)　**1票の価値と平等**　　最後に1票の価値に関する判例を紹介します。衆議院の小選挙区制、参議院の選挙区制において、1票の価値に較差が生まれることが問題になってきました。日本は都市と地方との間で人口の差が大きく、有権者1人の票の重みに差が出ることが問題になるのです。

　最高裁は、1976（昭和51）年に初めて衆議院の選挙における1票の価値の較差（この事件では最大較差約5倍）が法の下の平等に反し違憲であると判断しました（最大判昭和51年4月14日民集30巻3号223頁）。この事件で最高裁は、有権者1人ひとりに1票を与えただけで平等になるとはいえず、各人が持つ1票の「価値」も平等であるのが原則だとしました。ただ、最高裁は人口以外の要素も考慮することを認め、14条が較差を限りなく1倍に近づける徹底した「人口比例原則」の要請を含むとは考えませんでした。それでは何倍までが許容されるのか気になりますが、最高裁はこれを曖昧にしました。また、最高裁は較差が憲法違反の程度に達してもただちに違憲になるとは考えず、国会に修正のための「合理的期間」を与えるべきだと考えました。この合理的期間内であればイエローカードの「違憲状態」、それを超えればレッドカードの「違憲」になるとしたのです。さらに、最高裁は特別な事情を考慮し、本件の選挙を「違憲」と宣言するに留め、「無効」とまではしないという手法をとりました。

　その後最高裁はいくつかの判決を下し、衆議院の選挙に関しては3倍程度までの較差は許容されるという判断が形成されていきますが、最近は最高裁がより厳格になり、許容される較差はせいぜい2倍までと考えられています。

　一方、参議院のほうは、5倍以上の較差も合憲と判断されていました（最大判昭和58年4月2日民集37巻3号345頁）。ところが最近の判決ではより厳しくな

り、約 5 倍の較差が違憲であるとの主張を斥けたものの、判決のなかで参議院の選挙の仕組み自体を改めるよう国会に要請する意見を述べました（最大判平成21年 9 月30日民集63巻 7 号1520頁）。現在のところ参議院の選挙制度を根本的に改める制度改革は行われておらず、代わりに2015（平成27）年の法改正により鳥取県・島根県の各選挙区と、徳島県・高知県の各選挙区を合体させる「合区」によって較差の是正が図られました。

おわりに

　以上憲法13条・14条を説明しました。いずれの条文も重要性が高く最高裁判例もたくさん出されています。すべてを網羅できなかったので、適宜他の文献をご参照ください。

　ご清聴ありがとうございました。

─ **質疑応答の時間** ─

受講者：ドイツの憲法に「人間の尊厳」という言葉が書かれています。日本国憲法の個人の尊重（尊厳）はこれと同じ意味だと考えていいでしょうか。

犬田：人間の尊厳の保障は非人間的な扱いを禁止する趣旨で、一人ひとりの人間の人格や個性を尊重するよう命じる個人の尊重とは、少し意味が違うと考えられています。とはいえ、人間の尊厳を否定して個人を尊重することはありえません。人間の尊厳の保障は個人の尊重の前提であるといってよいでしょう。

受講者：「信条」による差別に関して質問です。国家公務員法は職員の採用にあたって信条による差別をすることを禁止しています（国家公務員法27条）。他方で、この法律では「日本国憲法施行の日以後において、日本国憲法又はその下に成立した政府を暴力で破壊することを主張する政党その他の団体を結成し、又はこれに加入した者」は公務員になることができないと書いています（38条 5 号）。これは両立するのでしょうか。

犬田：難しい問題です。多数説は公務の性格や公務員の憲法尊重擁護義務（99条）を根拠にしてこれを合憲と解しています。一方で、日本国憲法はドイツの憲法などとは違い、「戦う民主主義」という考えをとっていないので、このような要件は違憲と考える少数説もあります。また、合憲であるとしても、もう少し明確な規定にするべきだという意見もあります。

受講者：一票の較差ですが、なぜ参議院の較差は拡大しがちなのでしょうか。

犬田：まず参議院は都道府県をそのまま選挙区として使っています。たとえば鹿児島県であれば、鹿児島県全体がそのまま1選挙区となります。都道府県ごとの人口差が大きいので、どうしても較差が出てしまいます。また、参議院の任期は6年ですが、3年ごとに半数入れ替え方式をとっています。そうすると、定数248のうち124を1回の選挙で選出ということになります。そうなると各都道府県選挙区に割り振られる議席も非常に小さいものとなります。2016（平成28）年の選挙では1人だけを選出する「1人区」が32もありました。しかも6年に1回の選挙であれば1議席しか割り振られないはずの都道府県がたくさんあります。そうした都道府県では3年に1回の選挙となると選挙の際に1議席も与えられないことが生じるはずですが、それはまずいということで必ず最低1議席を与えています。これも較差を生む要因です。このように参議院については、もともとかなり大きな較差が出てしまう仕組みになっています。ところがかつての最高裁は、都道府県の代表という性格を持つなどの参議院の特殊性を考慮して大きな較差を容認してきました。最近になって最高裁の態度が変わってきたのです。

受講者：旧優生保護法の下で行われた**不妊手術**に関して裁判が起こっているようですね。不妊手術の強制は13条違反ではないでしょうか。

犬田：そう思います。こうした法律の規定は、幸福追求権の一部としての、出産等について自ら自由に判断する権利（リプロダクティブ・ライツ）に違反すると指摘されています。仙台地裁令和元年5月28日判時2413・2414号3頁は、「子を産み育てるかどうかを意思決定する権利は、これを希望する者にとって幸福の源泉となり得ることなどに鑑みると、人格的生存の根源に関わるものであり、……人格権の一内容を構成する権利として尊重される」と述べました。そのうえで、旧優生保護法の不妊手術に係る規定はこの権利を侵害し、憲法13条違反と判断しました（ただし判決は結論として国の国家賠償法上の責任を否定しました）。また学説上は、旧優生保護法の下での不妊手術の強制は、そもそも個人の尊厳を侵害するものだったという指摘もあることに留意すべきでしょう。

第10講　思想・良心や信教って、本当に自由なの？

はじめに

本日で2回目の講座となります鶴見でございます。

日本国憲法では、**精神的自由**として、「**思想及び良心の自由**」（19条）、「**信教の自由**」（20条）、「**表現の自由**」（21条）、「**学問の自由**」（23条）を定めています。

本日は、そのうち、「思想及び良心の自由」と「信教の自由」について話したいと思います。

I　思想および良心の自由の条文って珍しい？

さて、実は外国の憲法では、思想の自由や良心の問題について、独立した形で条文をもつものは多くありません。外国では、良心は、事実上、信教の自由の問題に含まれると考えられ、また、思想は、それが表現されたときにはじめて問題とされることが多いため、思想の自由は表現の自由と密接に関わるものとして理解されているからです。

それにもかかわらず、日本国憲法で思想・良心の自由に関する条文を独立した形で定めたのは、明治憲法下の治安維持法に基づく思想弾圧などの歴史を背景にもつからだといわれています。その意味では、思想・良心の自由に関する規定は、日本国憲法の特徴の1つだともいえるでしょう。

II　思想・良心の自由って？

1　思想と良心

日本国憲法では、「思想及び良心の自由は、これを侵してはならない」（19条）としています。では、ここでいう「思想」と「良心」とは何のことなのでしょうか。

　まず、この２つの関係について、区別して考えるべきだとする立場もありますが、通説や判例は、「思想」と「良心」とを区別しない立場をとっています。また、仮に区別しない立場であっても、「思想及び良心」を広く内心の考え方だととらえる立場と、人格形成の核心に関わるものに限定する立場があります。

　通説によれば、民主主義を否定する思想であっても、19条の思想・良心の自由の保障の対象となります。そのため、日本では、民主主義を否定する思想であっても、そうした思想を禁止したりすることはできません。しかし、ドイツでは、ナチズムの反省から「自由で民主的な秩序に敵対するために濫用する者は……基本権を喪失する」（ドイツ連邦共和国基本法18条）としており、民主主義を否定する思想までは保障されていないと考えられています。こうしたドイツのような立場を「**戦う民主主義**」といいます。

2　沈黙の自由

　思想・良心の自由の保障内容には、内心の告白を強制されない自由も含まれます。つまり、**沈黙の自由**ということです。そのため、公権力が個人の思想などの告白を強制したりすることは許されません。また、公権力が思想調査を行うことも許されません。たとえば、後で述べる信教の自由とも重なりますが、江戸時代のキリスト教徒弾圧のときに行われたとされる「絵踏」（「踏み絵」を踏ませること）の類はもちろんのこと、思想などに関わる強制的に行うアンケート調査なども認められません。

3　不利益な取り扱いの禁止

　また、特定の思想を抱いていることを理由に不利益な取り扱いをすることも禁止されます。なお、法令上、公務員には日本国憲法の遵守などを含む服務宣誓が課されていますが、そもそも、公務員は**憲法尊重擁護義務**が課されています（99条）ので、19条の思想・良心の自由の侵害にはならないと考えられています。

4 保障の限界

さて、精神的活動が内心に留まる限り、その自由が保障されることは当然のことなのですが、精神的活動に関連する外形的行為を規制することで、実質的に精神活動を制限してしまう場合は、どうでしょうか。様々な外形的行為と内心の精神的活動とは、単純に切り離すことができるものではない場合もありますからね。

こうした精神的活動に関連する外形的行為をどのような場合に規制できるのか、あるいは規制できないのかが、思想・良心の自由の保障の限界として問題となります。ここでは、それに関連するいくつかの判例（裁判例）をみてみましょう。

まず、不法行為としての名誉毀損に伴う謝罪広告の掲載命令をめぐって争われた事例があります（最大判昭和31年7月4日民集10巻7号785頁〔謝罪広告拒否事件〕）。これは、裁判で不法行為としての名誉毀損が認められ、名誉を回復するために判決で新聞への謝罪広告の掲載が命じられたところ、謝罪を強制することが思想・良心の自由の侵害に当たるかどうかが争われたものです。最高裁判決では、たとえ本人が納得していなかったとしても、「単に事態の真相を告白し陳謝の意を表するに止まる程度」であれば、新聞に謝罪広告の掲載を強制したとしても、憲法で保障する思想・良心の自由を侵害することにはならないとしています。学説では違憲説もありますし、一般論として謝罪広告の掲載を命じることが認められる場合があるにしても、陳謝する気がないのに陳謝の意を表させることが適切かどうかに疑問を呈する学説もあります。

次に、国旗掲揚や国歌斉唱に関する判例をみていきましょう。

1989（平成元）年以降、学指導要領で「日の丸」の掲揚と「君が代」の斉唱の指導が明記され、1999（平成11）年に「国旗及び国歌に関する法律」で国旗は「日章旗」（いわゆる「日の丸」）、国歌は「君が代」であると定められました。そこで、この「日の丸」の掲揚や「君が代」の斉唱を強制できるかが問題となるわけです。

まず、児童や生徒が自身の国家観や世界観を理由に「日の丸」の掲揚や「君が代」の斉唱を拒否しようとするとすれば、そうした児童や生徒に「日の丸」の掲揚や「君が代」の斉唱を強制することは、19条の思想・良心の自由を侵害

するもとして許されないとされています。

　次に、教員が拒否することは、どうなのでしょうか。

　まず、公立学校の音楽専科の教諭が入学式での君が代斉唱のピアノ伴奏をするように校長から命じられたところ、その職務命令を拒否したために下された戒告処分が争われた事例があります（最判平成19年2月27日民集61巻1号291頁〔君が代伴奏拒否事件〕）。これに関して、最高裁は、「君が代」がこの音楽専科の教諭の「歴史観ないし世界観及びこれに由来する社会生活上の信念等ということができる」としながらも、「学校の儀式的行事において「君が代」のピアノ伴奏をすべきでないとして本件入学式の国歌斉唱の際のピアノ伴奏を拒否することは……一般的には、これと不可分に結び付くものということはでき」ないとして、君が代斉唱の際のピアノ伴奏を命じる職務命令は、この音楽専科の教員の歴史観などを否定するものではないとしました。また、「客観的に見て、入学式の国歌斉唱の際に「君が代」のピアノ伴奏をするという行為自体は、音楽専科の教諭等にとって通常想定され期待されるものであって……伴奏を行う教諭等が特定の思想を有するということを外部に表明する行為であると評価することは困難なものであり、特に、職務上の命令に従ってこのような行為が行われる場合には、上記のように評価することは一層困難であるといわざるを得ない」としました。そのため、本件職務命令は、この音楽専科の教諭に対して、「特定の思想を持つことを強制したり、あるいはこれを禁止したりするものではなく、特定の思想の有無について告白することを強要するものでもなく、児童に対して一方的な思想や理念を教え込むことを強制するものとみることもできない」として、戒告処分を合憲だとしました。

　また、最高裁は、ピアノ伴奏だけでなく、卒業式で国歌斉唱の際に国旗に向かって起立して国歌を斉唱することを命じる職務命令も合憲としていますが、それに違反した者に対する懲戒処分につき、戒告以上の処分には慎重な判断を求めています（最判平成24年1月16日判時2147号139頁〔懲戒処分取消等請求事件〕）。なお、公立高校の教諭の退職後の再雇用の採用選考にあたって、そうした職務命令に違反したことを理由に不合格にすることも、最高裁は合憲だとしています（最判平成23年5月30日民集65巻4号1780頁〔再雇用拒否処分取消等請求事件〕）。ただし、最高裁も、そうした職務命令によって、「個人の歴史観ないし世界観に

由来する行動（敬意の表明の拒否）と異なる外部的行為（敬意の表明の要素を含む行為）を求められることとなり、その限りにおいて、その者の思想及び良心の自由についての間接的な制約となる面があることは否定し難い」ことは認めており、いろいろと議論のあるところです。

III　信教の自由って？

1　明治憲法でも保障されていた？

実は明治憲法でも信教の自由の保障に関する規定はありました。すなわち、「日本臣民ハ安寧秩序ヲ妨ケス及臣民タルノ義務ニ背カサル限ニ於テ信教ノ自由ヲ有ス」（明治憲法28条）としていました。ただし、神社参拝が学校教育で行われたり、特定宗教への弾圧なども行われました。なお、現在でも神社神道の位置づけに関しては、なかなか難しい議論もあります。

2　信仰の自由

信教の自由の保障としては、まず、信仰の自由があげられます。信仰の自由からは、さらに、①信仰告白の自由、②信仰あるいは不信仰を理由に不利益を受けない自由、③親権者が子どもに自己の好む宗教を教育し、または自己の好む宗教学校に就学させる自由、が派生するとされています。あと、念のため誤解がないようにいっておきますが、これらは公権力との関係での自由ですので、たとえば、③について、子どもが嫌がるのに親が無理やり特定の宗教学校に行かせる権利があるというわけではなく、ある家庭で宗教学校に行かせようとするときに、国家などの公権力が、それを禁止したり抑圧したりすることはできないということです。原則として憲法上の人権は、公権力に対してのものだということを思い出して頂ければと思います。

3　宗教的行為の自由

次に、信教の自由として、宗教的行為の自由があげられます。これは宗教上の儀式や布教活動などを行う自由のことです。もちろん、逆に宗教的行為を行わない自由も含まれますので、公権力が宗教施設に強制的に参拝させるとか、

宗教儀式に強制的に参加さえることは認められません。

4　宗教的結社の自由

　そして、宗教的結社の自由があげられます。つまり、宗教団体などを結成する自由です。なお、学説によっては、宗教的行為の自由のなかに、この宗教的結社の自由も含める立場もあります。

5　信教の自由の保障の限界

　信教の自由を保障するといっても、もちろん、無制約というわけでありません。そこで、関連する判例（裁判例）をみてみましょう。

　まず、ある教会の牧師が、犯罪の嫌疑を受けて逃走中の高校生 2 人を親の依頼に応じて教会に 1 週間宿泊させて説得し、警察に任意出頭させたところ、その牧師が犯人隠匿の罪に問われるかどうかが争われて事例があります（神戸簡判昭和50年 2 月20日判時768号 3 頁〔**牧会活動事件**〕）。これについて裁判所は、牧会活動（個人の人格に関する活動、つまり「魂への配慮」等をとおして社会に奉仕すること）を「社会生活上牧師の業務の一内容をなす」としたうえで、牧師の行為は「自己を頼って来た迷える 2 少年の魂の救済のためになされたものであるから、牧師の牧会活動に該当し」、その「業務に属するものであったことは明らかである」としました。そして、「牧会活動は、形式的には宗教の職にある牧師の職の内容をなすものであり、実質的には日本国憲法20条の信教の自由のうち礼拝の自由にいう礼拝の一内容（即ちキリスト教における福音的信仰の一部）をなすものであるから、それは宗教行為としてその自由は日本国憲法の右条項によって保障され、すべての国政において最大に尊重されなければなら」ず、「外面的行為である牧会活動が……公共の福祉による制約を受ける場合のあることはいうまでもないが、その制約が、結果的に行為の実体である内面的信仰の自由を事実上侵すおそれが多分にあるので、その制約をする場合は最大限に慎重な配慮を必要とする」とし、「具体的牧会活動が目的において相当な範囲にとどまったか否かは、それが専ら自己を頼って来た個人の魂への配慮としてなされたものであるか否かによって決すべきものであり、その手段方法の相当性は、右憲法上の要請を踏まえた上で、その行為の性質上必要と認められる学

問上慣習上の諸条件を遵守し、かつ相当の範囲を超えなかったか否か、それらのためには法益の均衡、行為の緊急性および補充性等の諸事情を比較検討することによって具体的綜合的に判定すべきものである」としました。そのうえで、この事例での「牧会活動は目的において相当な範囲にとどまったもの」であり、また、「手段方法においても相当であったのであり、むしろ両少年に対する宗教家としての献身は称賛されるべき」ものであり、この事例は「全体として法秩序の理念に反するところがなく、正当な業務行為として罪とならないものということができる」としました。なお、本件は一審で確定しています。

　次に、剣道実技を必修科目としている公立学校の生徒が、信仰する宗教上の教義を理由に剣道実技を拒否ししたために原級留置処分（つまり進級させない）を受け、最終的に退学処分（２回連続で減給処分を受けたところ、学則が退学事由とする「学力劣等で成業の見込みがないと認められる者」に該当するとされた）になったため、その処分の取消しを求めた事例があります（最判平成８年３月８日民集50巻３号469頁〔剣道実技拒否事件〕）。最高裁は「信仰上の理由による剣道実技の履修拒否を、正当な理由のない履修拒否と区別することなく、代替措置が不可能というわけでもないのに、代替措置について何ら検討することもなく、体育科目を不認定とした担当教員らの評価を受けて、原級留置処分をし、さらに、不認定の主たる理由及び全体成績について勘案することなく、２年続けて原級留置となったため進級等規程及び退学内規に従って学則にいう「学力劣等で成業の見込みがないと認められる者」に当たるとし、退学処分をした……措置は、考慮すべき事項を考慮しておらず、又は考慮された事実に対する評価が明白に合理性を欠き、その結果、社会観念上著しく妥当を欠く処分をしたものと評するほかはなく、本件各処分は、裁量権の範囲を超える違法なものといわざるを得ない」として、処分の取消しを認めました。後から述べる政教分離原則とも関連しますが、学校側は、代替措置などの配慮をすることがかえって20条３項（国及びその機関は、宗教教育その他いかなる宗教的活動もしてはならない）に違反すると主張していました。しかし、最高裁は、「およそ代替措置を採ることが、その方法、態様のいかんを問わず、憲法20条３項に違反するということができないことは明らかである」とし、むしろ、場合によっては、そうした生徒に対して一定の配慮が求められるとしたのです。

Ⅳ　政治と宗教の関係について

1　人権か制度か

　20条1項後段では、「いかなる宗教団体も、国から特権を受け、又は政治上の権力を行使してはならない」とし、3項では、「国及びその機関は、宗教教育その他いかなる宗教的活動もしてはならない」としています。また、以前の講座でも少し触れましたが、89条では、「公金その他の公の財産は、宗教上の……に対し、これを支出し、又はその利用に供してはならない」としています。これらは、公権力から宗教が特権を受けることを禁止し、また、公権力は宗教的に中立でなければならないとする規定です。このように国家（公権力）と宗教を分離する原則を「政教分離原則」といいます。この政教分離原則は、信教の自由を保障するための制度なのか（制度的保障説）、それとも、それ自体が人権なのか（人権説）、をめぐっては、学説の争いがありますが、すぐ後で述べるように、判例は前者の立場だとされています。

2　目的効果基準

　ただし、政教分離原則といっても、国家と宗教との一切の関わり合いを否定するわけではありません。そこで、どのような場合に否定されるのかが問題となります。その判断基準として、最高裁は、「目的効果基準」を使います。これに関連する判例をみていきましょう。

　まず、三重県の津市が体育館建設の際に神式の地鎮祭を行い、それに公金を支出したことが問題とされた事例（最大判昭和52年7月13日民集31巻4号533頁〔**津地鎮祭訴訟**〕）です。この事例について最高裁は、「一般に、政教分離原則とは、およそ宗教や信仰の問題は、もともと政治的次元を超えた個人の内心にかかわることがらであるから、世俗的権力である国家（地方公共団体を含む。以下同じ。）は、これを公権力の彼方におき、宗教そのものに干渉すべきではないとする、国家の非宗教性ないし宗教的中立性を意味するものとされている」としました。

また、「政教分離規定は、いわゆる制度的保障の規定であつて、信教の自由そのものを直接保障するものではなく、国家と宗教との分離を制度として保障することにより、間接的に信教の自由の保障を確保しようとするものである」としました。つまり、先ほど述べたように、判例は制度的保障説の立場を採用したわけです。

　しかし、政教分離原則といっても、「現実の国家制度として、国家と宗教との完全な分離を実現することは、実際上不可能に近いものといわなければならない」ことから、「政教分離原則は、国家が宗教的に中立であることを要求するものではあるが、国家が宗教とのかかわり合いをもつことを全く許さないとするものではなく、宗教とのかかわり合いをもたらす行為の目的及び効果にかんがみ、そのかかわり合いが右の諸条件に照らし相当とされる限度を超えるものと認められる場合にこれを許さないとするものであると解すべきである」としました。そのうえで、問題とされている「行為の目的が宗教的意義をもち、その効果が宗教に対する援助、助長、促進又は圧迫、干渉等になるような行為をいうものと解すべきである」としました。これが目的効果基準と呼ばれるものです。つまり、問題となっている行為の目的が宗教的目的をもつものかどうか、そして、その行為の効果が宗教に対する援助、助長、促進または圧迫、干渉等になるような行為かどうかで、違憲かどうかを判断しようとする基準です。

　そして、本件のような地鎮祭は、もともとは「土地の神を鎮め祭るという宗教的な起源をもつ儀式であつたが、時代の推移とともに、その宗教的な意義が次第に稀薄化してきている」もので、「たとえ既存の宗教において定められた方式をかりて行われる場合でも、それが長年月にわたつて広く行われてきた方式の範囲を出ないものである限り、一般人の意識においては……慣習化した社会的儀礼として、世俗的な行事と評価しているものと考えられる」とし、「かかる儀式は、国民一般の間にすでに長年月にわたり広く行われてきた方式の範囲を出ないものであるから、一般人及びこれを主催した津市の市長以下の関係者の意識においては、これを世俗的行事と評価し、これにさしたる宗教的意識を認めなかつたものと考えられる」としました。また、「元来、わが国においては、多くの国民は、地域社会の一員としては神道を、個人としては仏教を信仰するなどし、冠婚葬祭に際しても異なる宗教を使いわけてさしたる矛盾を感

ずることがないというような宗教意識の雑居性が認められ、国民一般の宗教的関心度は必ずしも高いものとはいいがたい。他方、神社神道自体については、祭祀儀礼に専念し、他の宗教にみられる積極的な布教・伝道のような対外活動がほとんど行われることがないという特色がみられる」ことなどから、「たとえ専門の宗教家である神職により神社神道固有の祭祀儀礼に則つて、起工式が行われたとしても、それが参列者及び一般人の宗教的関心を特に高めることとなるものとは考えられず、これにより神道を援助、助長、促進するような効果をもたらすことになるものとも認められない。そして、このことは、国家が主催して、私人と同様の立場で、本件のような儀式による起工式を行つた場合においても、異なるものではなく、そのために、国家と神社神道との間に特別に密接な関係が生じ、ひいては、神道が再び国教的な地位をえたり、あるいは信教の自由がおびやかされたりするような結果を招くものとは、とうてい考えられない」としました。そのため、本件は違憲とはならないとしたのです。

　一方で、愛媛県知事が靖國神社の例大祭の玉串料などを愛媛県の公金で支出したことが問題となった事例（最大判平成9年4月2日民集51巻4号1673頁〔愛媛県玉ぐし料訴訟〕）で、最高裁は、「一般に、神社自体がその境内において挙行する恒例の重要な祭祀に際して……玉串料等を奉納することは、建築主が主催して建築現場において土地の平安堅固、工事の無事安全等を祈願するために行う儀式である起工式の場合とは異なり、時代の推移によって既にその宗教的意義が希薄化し、慣習化した社会的儀礼にすぎないものになっているとまでは到底いうことができず、一般人が本件の玉串料等の奉納を社会的儀礼の一つにすぎないと評価しているとは考え難い」とし、また、「玉串料等の奉納者においても、それが宗教的意義を有するものであるという意識を大なり小なり持たざるを得ない」としました。さらに、「本件においては、県が他の宗教団体の挙行する同種の儀式に対して同様の支出をしたという事実がうかがわれないのであって、県が特定の宗教団体との間にのみ意識的に特別のかかわり合いを持ったことを否定することができない」ことから、「地方公共団体が特定の宗教団体に対してのみ本件のような形で特別のかかわり合いを持つことは、一般人に対して、県が当該特定の宗教団体を特別に支援しており、それらの宗教団体が他の宗教団体とは異なる特別のものであるとの印象を与え、特定の宗教への関

心を呼び起こすものといわざるを得ない」として、目的効果基準を用いたうえ
で違憲判断を下しています。最高裁によれば、地鎮祭と例大祭での玉串料の奉
納とでは意味合いが異なるというわけです。

なお、北海道の砂川市の公有地を空知太神社に無償で使用を認めていたこと
が問題となった事例（最大判平成22年１月20日民集64巻１号１頁〔砂川政教分離訴
訟〕）では、目的効果基準を使わないで、「信教の自由の保障の確保という制度
の根本目的との関係で相当とされる限度を超えるものとして、憲法89条の禁止
する公の財産の利用提供に当たり、ひいては憲法20条１項後段の禁止する宗教
団体に対する特権の付与にも該当すると解するのが相当である」として違憲判
断を下しています。

おわりに

人権のなかでも精神的自由は、とても大切なものだと考えられており、その
精神的自由のなかでも、最も基本となるものが思想・良心の自由です。また、
歴史的には近代的自由は中世の宗教的抑圧に対する抵抗から生まれたともいわ
れており、信教の自由も、とても重要なものだといえます。

日本では、きちんと保障されているので問題はないと感じている人たちも多
いかもしれませんが、現在も様々な問題を生じています（だからこそ、裁判で争
われているわけです）。みなさんにも、一度、思想・良心の自由や信教の自由、
あるいは政教分離原則について、いろいろと考えてみて頂けますと幸いです。

ご清聴ありがとうございました。

┌─ 質疑応答の時間 ─────────────────────
│ ●思想・良心の自由について
│ 受講者：日本の国の学校なのですから、「日の丸」の掲揚や「君が代」の斉唱は
│ 　　当然のことではないのですか。
│ 鶴見：もちろん、そういう意見もあると思います。でも、たとえば、日本の小学
│ 　　校の児童や中学校・高校の生徒のすべてが日本人というわけではありませんよ
│ 　　ね。そのなかには、「日の丸」や「君が代」にいろいろな思いをもっている児
│ 　　童や生徒、保護者の方々もいるかもしれませんし、そうした思いを抱くことが

もっともな事情もあるのかもしれません。小学校や中学校・高校の先生も、み
んなが日本人というわけではありません。また、日本人であったとしても、
様々な事情から日の丸や君が代にいろいろな考えをもつ人もいるでしょうし、
そうした考えをもつことがもっともな事情もあるかもしれません。そうした人
たちや事情のことも考えることが大切だと思っています。

受講者：そこまで考えなければならないものでしょうか。

鶴見：自分とは違う立場の人たち、特にマイノリティのことを考えることこそ
　　　が、人権保障にとって大切なのだと思います。

●信教の自由について

受講者：信教の自由や政教分離原則といっても、日本は宗教的に寛容な文化の国
　　　なので、そこまでこだわらなくてもよいのではないでしょうか。

鶴見：たしかに、日本では多重信仰や宗教意識の雑居性などが指摘されて、宗教
　　　的に寛容だといわれるかもしれません。しかし、たとえば戦前においては、い
　　　くつかの宗教弾圧があったといわれています。また、多重性を前提とする信仰
　　　には寛容でも、深い信仰心をもつ宗教的マイノリティにも寛容なのかに関して
　　　は、少し考えてみないといけないのではないでしょうか。また、たとえば、も
　　　し、特定の宗教が国民意識に根差したものだからということで、公権力がそれ
　　　との関わり合いを積極的に進めたとしたなら、知らず知らずのうちに宗教的マ
　　　イノリティを抑圧することになるのかもしれません。しかも、場合によって
　　　は、宗教的寛容さの名の下で、宗教的マイノリティに多数派への同調（宗教に
　　　関する国民意識への同調）を強いることになるかもしれません。なかなか難しい
　　　問題ですが、いずれにしても、やはり宗教的マイノリティの立場から考えてい
　　　く必要があるものと思っています。

第11講　表現の自由ってどういうもの？

はじめに

本日の講座を担当する 鳳<ruby>おおとり</ruby> です。

個人の人格形成と民主政治に大きな役割を果たす表現の自由（21条）を取り上げます。表現の自由が強く保障される理由、知る権利との関係、表現の自由を制約する場合の注意点について理解を深めて欲しいと思います。

I　表現の自由の意義

1　表現の自由が強く保障されるのはなぜ？

表現の自由とは、自らの意見を発表・伝達する権利であり、演説、新聞・雑誌、テレビ・ラジオ、絵画・写真、音楽・芝居、インターネット等の表現媒体（メディア）を通じた表現が保障されます。

表現の自由が強く保障されるのは、私たちが他者とコミュニケーションを行うことで自分自身の人格を成長させ（**自己実現**）、民主的な政治（**自己統治**）を行っていくうえで必要不可欠であるからです。たとえば、皆さんは、家族、学校の先生、友人といろんなやり取りを行うことで自分の人格を形成し、また、各種メディアを通じて世の中の出来事を知り、SNS等で意見交換したりすることで、民主的な政治に参加してきたのではないかと思います。こうした自己実現と自己統治の観点から、言論に対しては言論で対抗する**対抗言論の法理**（more speech）に基づき、政府による表現の自由の規制にはできるだけ慎重であるべきでしょう。

2　知る権利

自己実現・自己統治のためには、その前提となる情報を収集する**知る権利**を保障する必要があります。これに関連して、**世界人権宣言19条**が、表現の自由

には、「干渉を受けることなく自己の意見をもつ自由」だけでなく、「情報及び思想を求め、受け、及び伝える自由」が含まれていると述べている点が注目されます。

　知る権利は、①社会に流通する情報を政府に妨げられることなく受領・収集する権利（情報受領権・情報収集権）、②情報を管理する政府に情報公開を請求する権利（情報開示請求権）から構成されています。知る権利を具体化するために、各自治体の情報公開条例や情報公開法（1999年）が制定されています。

3　報道の自由・取材の自由

　(1)　**報道の自由**　　事実を伝えるマス・メディアの**報道の自由**が表現の自由の一環として保障されるのは、報道が「民主主義社会において、国民が国政に関与するにつき、重要な判断の資料を提供し、国民の『知る権利』に奉仕する」（最大決昭和44年11月26日刑集23巻11号1490頁〔博多駅事件〕）からです。

　無論、マス・メディアの報道が一般市民の名誉やプライバシーを侵害する場合もあります。しかし、そうした場合であっても、知る権利の観点から、報道の自由と名誉権・プライバシー権との間で慎重な調整を行わなければなりません。

　一般市民がマス・メディアに意見表明の場を要求する**アクセス権**（広義の反論権）については、マス・メディアの編集権を侵害するおそれがあるため、学説・判例はこれを認めることには慎重です。サンケイ新聞事件（最判昭和62年4月24日民集41巻3号490頁）では、サンケイ新聞が日本共産党を批判する自由民主党の意見広告を掲載し、原告の共産党が無料での反論広告掲載を請求しましたが、最高裁は、表現の自由を間接的に侵害する危険があるとして、アクセス権を認めませんでした。

　(2)　**取材の自由**　　最高裁は、上述の博多駅事件において、報道のために情報収集を行う**取材の自由**も尊重に値すると述べています。学説では、取材の自由も21条で保障されるとする見解が有力です。また、内部告発に基づく報道のように、情報源を秘匿しなければならない場合、**取材源秘匿の自由**が認められます。これは取材する側と情報を提供する側の信頼関係を保護し、将来の取材の自由を保障するためのものです。なお、取材物の報道以外の目的外使用は原

則として禁止されています。

外務省公電漏洩事件（西山記者事件）では、外務省の女性事務官を通じて国家秘密（沖縄返還に関する日米の密約）の取材を行った記者が秘密漏示そそのかし罪（国家公務員法111条違反）に問われました。最高裁（最決昭和53年5月31日刑集32巻3号457頁）は、国家秘密の取材が「真に報道の目的からでたものであり、その手段・方法が法秩序全体の精神に照らし相当なものとして社会観念上是認されるものである限りは、実質的に違法性を欠き正当な業務行為というべきである」としたうえで、女性事務官との男女関係を利用した本件取材の手段・方法が「取材対象者の個人としての人格の尊厳を著しく蹂躙する」ものであるとして、違法と判断しました。しかし、知る権利の問題と男女関係の問題を区別して判断すべきであったとの批判もあります。

2013年に成立した**特定秘密保護法**（特定秘密の保護に関する法律）は、国家公務員法上、秘密とされる情報のうち、「その漏えいが我が国の安全保障に著しい支障を与えるおそれがあるため、特に秘匿することが必要であるもの」を特定秘密として指定します（同3条1項）。同法については、特定秘密の範囲（同3条2項）や保護期間（同4条）等、マス・メディアの取材・報道の自由や知る権利に配慮した運用が求められます。

4　通信の秘密

21条2項後段は、**通信の秘密**を保障しています。保護の対象となる通信には、はがき・手紙、電信・電話、電子メール等が含まれます。通信の秘密が保護されるのは、それがコミュニケーションの手段であり、表現の自由の前提となるからです。「侵してはならない」とは、政府が通信の内容・存在を探知してはならないことを意味します。通信の秘密を保護するために、通信の具体的内容だけでなく、発信者および受信者の氏名・住所、通信の日時・回数も保護対象となります（刑133条、郵便法7・8条、電気通信事業法4条等）。

通信の秘密との関連で最も問題となるのは、電話の盗聴等の通信傍受です。**通信傍受法**は、「組織的な殺人、薬物及び銃器の不正取引に係る犯罪等の重大犯罪」について、傍受令状による通信傍受を認めています。しかし、同法については、**令状主義**（35条）の観点から、傍受対象を特定することの困難性が指

摘されており、通信の秘密やプライバシーに対する重大な制約であることから、慎重な運用が求められます。

5　放送の自由

放送とは、「公衆によって直接受信されることを目的とする電気通信の送信」（放送法2条1号）を指します。電気通信を使用するテレビ・ラジオ等の放送メディアの報道の自由を**放送の自由**といいます。

放送メディアには、新聞や雑誌等の印刷メディアとは異なる特殊な規制が課されます。放送局の開設には免許が必要です（電波法4条）。放送法は、放送に際して、「公安及び善良な風俗を害しないこと」、「政治的に公平であること」、「報道は事実をまげないですること」、「意見が対立している問題については、できるだけ多くの角度から論点を明らかにすること」を義務づける番組編集準則（同4条1項1～4号）と、教養、教育、報道、娯楽番組をバランスよく設定しなければならないとする番組調和準則（同106条）を規定しています。

番組編集準則・調和準則は放送メディアの編集権に対する内容規制ですが、①電波（周波数）の希少性、②視覚・聴覚への影響力の強さ、③社会で共有されるべき基本的情報の提供等を理由に規制が正当化されると考えられています。ただし、これらの規制理由については批判もあります。

6　インターネット上の表現の自由

インターネット上の表現には、原則として印刷メディアと同様の保障をすべきという見解が有力です。現在のところ、放送メディアの番組編集準則のような規制はありません。

インターネット上の表現をめぐる判例としては、大手飲食店フランチャイズが特定団体のフロント企業であると指摘したホームページ記事が名誉毀損罪に問われたラーメン・フランチャイズ事件があります。第1審（東京地判平成20年2月29日刑集64巻2号59頁）は、ネットの個人ユーザーの発信情報が名誉毀損罪に問われるのは、記事内容が虚偽であると知りつつ、あるいは真実であるかどうかを十分確認せずに発信した場合に限定されるべきとして、被告人に無罪判決を下しました。しかし、控訴審（東京高判平成21年1月30日刑集64巻2号93頁）

は、被害者保護に欠けるとして有罪判決を下し、最高裁（最判平成22年3月15日刑集64巻2号1頁）も、個人ユーザーであるからといって、名誉毀損罪の成立要件を緩やかに解する必要は無いとして控訴審の判断を追認しました。

Ⅱ　表現の自由の制約はどこまで可能か？

1　検閲の禁止

（1）**検閲が禁止される理由**　　表現行為がなされる前にそれを規制することを**事前抑制**といいます。特に、政府が本来であれば外部に発表されるはずの表現内容を事前に審査し、都合が悪ければその発表を抑制してしまうことを**検閲**といいます。

　政府による情報流通の遮断は知る権利に対する重大な制約です。それゆえ21条2項は検閲の禁止を規定しています。狭義説によれば、検閲の主体となるのは行政権です。広義説によれば、検閲の主体となるのは裁判所を含む公権力であるとされます。通説・判例によれば、行政権による検閲は例外無く絶対的に禁止されます。ただし、裁判所の事前差止は名誉毀損やプライバシー権侵害の場合に例外的に認められると考えられています（北方ジャーナル事件・後述）。

（2）**検閲をめぐる判例**　　最高裁は、税関検査の合憲性が争点となった**税関検査事件**（最大判昭和59年12月12日民集38巻12号1308頁）において、憲法が禁止する検閲とは、「行政権が主体となって、思想内容等の表現物を対象とし、その全部又は一部の発表の禁止を目的として、対象とされる一定の表現物につき網羅的一般的に、発表前にその内容を審査した上、不適当と認めるものの発表を禁止すること」を意味するとしたうえで、税関検査は思想内容の審査を目的としておらず、検査対象となる表現物は海外で既に発表済みのものであること等を理由に合憲と判断しました。

　最高裁は、政治家に対する名誉毀損記事の事前差止の可否が争点となった**北方ジャーナル事件**（最大判昭和61年6月11日民集40巻4号872頁）において、裁判所の事前差止が憲法上禁止される検閲ではないとしたうえで、「その表現内容が真実でなく、又はそれが専ら公益を図る目的のものではないことが明白であつて、かつ、被害者が重大にして著しく回復困難な損害を被る虞がある」場合

には、例外的に事前差止が許容されると判断しました。

　最高裁は、**家永教科書検定訴訟第1次訴訟**（最判平成5年3月16日民集47巻5号3483頁）において、教科書検定制度について、「一般図書としての発行を何ら妨げるものではなく、発表禁止目的や発表前の審査などの特質がないから、検閲に当たら」ないと判断しました。

　最高裁の検閲の定義は非常に限定的です。しかし、現代では思想の内容を狙い撃ちする露骨な検閲は考えにくいので、税関検査や教科書検定等の各種の事前抑制に歯止めをかけることができないとの批判がなされています。

2　表現内容に対する規制——表現内容規制

(1)　わいせつ表現

　(ア)　**わいせつ表現の規制と判例の動向**　　いわゆる「わいせつ表現」は、自己統治と自己実現の価値に乏しいことから、表現の自由の対象外ではないかという意見も少なくないでしょう。しかし、わいせつと芸術の明確な区別は困難です。性的な表現物を「わいせつ」であるとして安易に表現の自由の対象外とすると、コンビニで販売されている成人向け雑誌だけでなく、美術館で展示されている印象派の裸婦画や、性的なものをモチーフとした現代アートのオブジェが法的規制の対象となってしまう危険があります。そのため、憲法学においては、いかがわしい表現であっても、一応、表現の自由として保障するというアプローチをとります。

　最高裁は、D・H・ロレンスの小説『チャタレイ夫人の恋人』の翻訳・出版をめぐる**チャタレイ事件**（最大判昭和32年3月13日刑集11巻3号997頁）において、刑法175条の「わいせつ文書」とは、「徒に性欲を興奮又は刺戟せしめ、且つ普通人の正常な性的羞恥心を害し、善良な性的道義観念に反するもの」を指すとした上で、同条が最小限の性道徳（性行為の非公然性の原則）を保護するためのものであるとして合憲と判断しました。また、芸術とわいせつは別次元の問題であるとの立場（絶対的わいせつ概念）から、「芸術的作品であるという理由からその猥褻性を否定することはできない」としています。

　続いて、最高裁は、**「悪徳の栄え」事件**（最大判昭和44年10月15日刑集23巻10号1239頁）において、わいせつか否かは文書全体との関係で判断するという全体

的考察方法を採用し、「文書がもつ芸術性・思想性が、……猥褻性を解消させる場合がある」ことを認めつつも、「猥褻性が解消されないかぎり、芸術的・思想的価値のある文章であっても、猥褻の文書としての取り扱いを免れることはできない」としています。

　さらに、最高裁は、**「四畳半襖の下張」事件**（最判昭和55年11月28日刑集34巻6号433頁）において、わいせつか否かは、「当該文書の性に関する露骨で詳細な描写叙述の程度とその手法、右描写叙述の文書全体に占める比重、文書に表現された思想等と右描写叙述との関連性、文書の構成や展開、さらには芸術性・思想性等による性的刺激の緩和の程度、これらの観点から該文書を全体としてみたときに、主として、読者の好色的興味にうったえるものと認められるか否かなどの諸点」を総合考慮して判断するとしています。

　(イ)　わいせつ表現を規制する理由　　判例によれば、わいせつ規制は最小限の性道徳を保護するためのものであるとされます。しかし、道徳を理由にわいせつ表現を刑法犯として取り締まることについては多くの批判があります。また、判例のわいせつ定義は、結局のところ、裁判官の主観にすぎないのではないかとの疑問が残ります。

　有力学説によれば、わいせつ表現の規制は、見たくない者の「見ない自由」を保護するためのものであるとされます。この立場によれば、年齢確認や売り場のゾーニング等、販売方法の規制は許容される余地があるでしょう。さらに、男女平等を徹底するフェミニズムの立場から、「女性差別」の表現として規制すべきであるとの指摘がなされています。

　(ウ)青少年保護育成条例をめぐる問題　　各都道府県では、「青少年の保護育成」を理由に、18歳未満の青少年にとって有害な性表現や残虐な表現を多く含む図書を「有害図書」として指定し、青少年への販売・貸与を禁止するいわゆる**青少年保護育成条例**が制定されています。最高裁は、有害図書指定雑誌の自販機への収納禁止が争点となった岐阜県青少年保護育成条例事件（最判平成元年9月19日刑集43巻8号785頁）において、「青少年の健全な育成を阻害する有害環境を浄化するための規制に伴うやむをえない制約」であるとして合憲と判断しています。

　(2)　名誉毀損・プライバシー権侵害

　(ア)　名誉毀損とは？　　名誉とは、品性、名声、信用等について社会から受ける評価を指します。名誉を毀損した場合、名誉毀損罪（刑230条）によって処罰されたり、民法上の不法行為（民709条）として損害賠償を請求されたりする場合があります。

　報道等で、表現の自由と**名誉権**が衝突した場合の調整として、刑法230条の2は、(a)公共の利害に関する事実（社会の重大ニュース）、(b)公益目的（知る権利に役立つ報道、少なくとも、個人的恨みや誹謗中傷ではない報道）、(c)真実性の証明（報道の主要部分が真実）という3つの要件をみたせば免責されるとしています。さらに、(c)が証明できない場合であっても、夕刊和歌山時事事件（最大判昭和44年6月25日刑集23巻7号975頁）は、(d)真実相当性（真実と誤信したことについての十分な理由）があれば免責されるとしています。

　ただし、現行の制度では、名誉毀損の免責の挙証責任は報道する側（被告側）にあります。これでは表現の自由の保護には不十分であるとして、政治家への批判が名誉毀損に問われるのは、故意・重過失の場合に限定されるべきとするアメリカの**現実的悪意の法理**を導入すべきとの有力な見解があります。

　(イ)　プライバシー侵害　　プライバシー権の侵害は出版差止や損害賠償の対象となる場合があります。「石に泳ぐ魚」事件（最判平成14年9月24日判時1802号60頁）では、小説内においてモデルとなった女性の顔の腫瘍について苛烈な表現で記述したことがプライバシー権等の侵害に該当し、回復困難な損害が生じうるとして、出版差止が認められました（現在は改訂版として出版）。

　(3)　**ヘイト・スピーチ**　　人種、民族、宗教等の集団的属性に基づく差別的表現を**ヘイト・スピーチ**（憎悪表現）といいます。近年、在日コリアン等のマイノリティの人々に対する極めて悪質なヘイト・スピーチを行う排外主義団体の活動が大きな社会問題となっています。

　京都朝鮮第1初級学校への拡声器を用いた過激な言葉による示威活動等に対して、朝鮮学校側が損害賠償や学校周辺での示威行動差止を求めた京都ヘイト・スピーチ事件では、裁判所は名誉毀損や業務妨害の成立と差止を認めました（大阪高判平成26年7月8日判時2232号34頁）。

　特定個人ではなく、人種・民族等の不特定多数を対象としたヘイト・スピーチを規制することは憲法上困難であるというのが従来の多くの学説の見解で

す。日本政府は、人種差別の扇動等を規制する人種差別撤廃条約4条(a)(b)について、21条に抵触する可能性があるとして留保しています。ただし、「人種、信条、性別、社会的身分又は門地」(14条1項後段列挙事由)に基づく極めて悪質な集団的名誉毀損については禁止する余地があるとする有力説もあります。

(4) **営利的表現**　営業等の経済活動として行われる**営利的表現**に対しては、消費者保護の観点から一定の規制が可能であると考えられています。虚偽・誇大広告の規制の事例として、軽犯罪法1条34号、食品衛生法20条、特定商取引法21条、宅地建物取引業法32条があげられます。

最高裁は、「灸の適応症」に関する広告を配布したことがあん摩師・はり師・きゅう師・柔道整復師法7条違反に問われたあん摩師等の広告制限事件(最大判昭和36年2月15日刑集15巻2号347頁)において、同法による一定事項以外の広告禁止が、「国民の保健衛生上の見地から、公共の福祉を維持するためにやむをえない措置」であると判断しています。

(5) **煽動的表現の規制**　違法行為をあおる**煽動的表現**は規制の対象とされています(破壊活動防止法38から40条)。最高裁は、煽動行為が「公共の安全を脅かす現住建造物等放火罪、騒擾罪等の重大犯罪をひき起こす可能性のある社会的に危険な行為であるから、公共の福祉に反し、表現の自由の保護を受けるに値しないもの」と述べています(最判平成2年9月28日刑集44巻6号463頁)。

学説では、煽動的表現の規制に際しては、ある表現の害悪が極めて重大で、その害悪の発生が差し迫っている場合に限定されなければならないとする**明白かつ現在の危険の基準**を適用すべきとする見解が有力です。

3　表現内容中立規制（時・場所・態様の規制）

表現内容中立規制とは、表現の内容ではなく、美観維持のための立看板規制や静穏維持のための街頭演説規制のように、表現行為の時・場所・態様についての規制を指します。**LRA の基準**（より制限的でない他の取りうる手段の基準）によれば、ある法律の目的は正当なものであっても、できるだけ表現の自由に負担をかけないように立法目的を達成する手段の有無を検討することが必要となります。たとえば、拡声器による街頭演説を一切禁止することは過度に広範な

規制であり、時間帯や音量の規制等、より緩やかな規制手段が求められることになります。

　最高裁は、イラクへの自衛隊派遣に反対するビラを配布するために管理権者の同意なく官舎の共有部分に立ち入ったことが住居侵入罪（刑130条）に問われた立川反戦ビラ事件（最判平成20年4月11日刑集62巻5号1217頁）において、「たとえ思想を外部に発表するための手段であっても、その手段が他人の権利を不当に害するようなものは許されない」として、本件行為を住居侵入罪に問うことは21条に違反しないとして、有罪判決を維持しました。裁判所は内容中立規制について合憲判決を下す傾向にありますが、当該規制が実際には表現内容を標的にしている場合もありうるので、慎重に判断しなければなりません。

Ⅲ　集会・結社の自由

1　集会の自由

（1）　**集会の自由の意義**　　多数人が共通の目的をもって一定の場所に集まることを集会といいます。集会の場所は公園や公会堂が典型例ですが、集団示威運動（デモ行進）も「歩く集会」とみなされます。**集会の自由**には、集会を開催する自由、集会に参加する自由、集会において意見を形成・表明する自由、集会のために公共施設を利用する権利が含まれます。

　集会の自由は表現の自由と密接な関係があり、人びとが同じ場所に集まって直接コミュニケーションを行ったり、意見表明を行ったりすることは、自己実現・自己統治の観点から非常に重要な意味を持ちます。集会の場所となる公園等を市民のための**パブリック・フォーラム**とみなす見解も有力です。特に、公園等の「伝統的パブリック・フォーラム」の場合、上述した内容規制と内容中立規制の法理が適用されることになります。また、駅構内ビラ配布事件（最判昭和59年12月18日刑集38巻12号3026頁）における伊藤正巳裁判官の補足意見によれば、パブリック・フォーラムが表現の場として用いられる場合、表現の自由にできるだけ配慮する必要があるとされています。

（2）　**公共施設の利用制限**　　集会はその性質上、道路や施設の利用を伴うので、他者の権利との調整が求められます。道路・公園の利用に際しては、時・

場所・態様の規制が課されます。地方自治法は、公民館等の「公の施設」（同244条）について、地方自治体が正当な理由なくその利用を拒否してはならないこと、不当な差別的取り扱いをしてはならないことを規定しています（同244条2項・同条3項）。

　「公の施設」の使用不許可処分が争われた事例は数多くありますが、判例は、施設管理上の支障がなく、他者の基本的人権を侵害しない限り、原則として使用を認めるという立場をとります。近時の重要判例としては、関西新空港建設に反対する集会を開催するための市民会館の使用許可申請が認められなかったことが争われた**泉佐野市民会館事件**（最判平成7年3月7日民集49巻3号687頁）と、労働組合幹部の合同葬のための福祉会館の使用許可申請が、合同葬に反対する者らの妨害による混乱の可能性等を理由に不許可とされたことが争われた**上尾市福祉会館事件**（最判平成8年3月15日民集50巻3号549頁）があげられます。

　泉佐野市民会館事件で最高裁は、反対派の存在を理由に不許可処分を認めましたが、上尾市福祉会館事件では、主催者らが平穏に集会を行おうとしているのに、反対派の存在を理由に公の施設の利用を拒むことができるのは、警察の警備等によってもなお混乱を防止することができないなど特別な事情がある場合に限られると述べています。

　(3)　**公安条例によるデモ行進・集会等の規制**　　デモ行進・集会等には各地の地方公共団体の**公安条例**による規制が課せられます。しかし、その合憲性には議論があり、デモ行進等の規制は必要最小限度のものでなければならず、許可制ではなく届出制で足りるというのが多くの学説の立場です。

　最高裁は、**東京都公安条例事件**（最大判昭和35年7月20日刑集14巻9号1243頁）において、デモ行進には「甚だしい場合には一瞬にして暴徒と化」する危険があるので、「不測の事態に備え、法と秩序を維持するに必要かつ最小限度の措置を事前に講ずることは、けだしやむを得ない」としています。しかし、同判決が治安維持の観点からデモ行進を危険視し、一般的な許可制を合憲としたことには批判がなされています。

　最高裁は、「交通秩序を維持すること」という条例の文言の明確性が争点となった**徳島市公安条例事件**（最大判昭和50年9月10日刑集29巻8号489頁）におい

て、通常の判断能力を持つ一般人であれば、当該条例の文言から、蛇行、渦巻、座り込み、道路占拠といった行為を伴うデモを禁止していると読み取ることができるとして、合憲判決を下しました。また、広島市暴走族追放条例事件（最判平成19年9月18日刑集61巻6号601頁）においては、同条例の「暴走族」の文言は本来的な意味での暴走族に限定されているとして、合憲と判断しています。しかし、萎縮効果を防止するために、表現の自由を規制する法律の文言は明確なものでなければならないとする**明確性の基準**の観点からは疑問が残ります。

2　結社の自由

　結社とは、多数人が共通の目的をもって、継続的に結合することを意味します。**結社の自由**とは、団体結成・加入の自由、団体活動の自由はもちろん、団体を結成しない自由、加入しない自由、脱退する自由を含みます。ただし、専門性と公共的性格を有する弁護士会や税理士会等の場合、強制加入制を採用することは許容されると考えられています。団体は内部統制権を持ちますが、政治献金や特定の政治家への投票を強制することはできません（第7講3Ⅱを参照）。

　犯罪行為を目的とした結社は結社の自由の保護対象とはならないと考えられています。破壊活動防止法5条は、「団体の活動として暴力主義的破壊活動を行う明らかなおそれ」がある場合に、デモ・集会、機関誌発行等を禁止することができますが、同条の文言の不明確さゆえに、違憲の疑いがあるとの指摘がなされています。

おわりに

　自己実現と自己統治の観点から、表現の自由には強い保護が与えられます。また、表現の自由と知る権利は「車の両輪」であり、知る権利を根こそぎ奪う危険のある検閲は許されません。さらに、表現の自由の制約には慎重でなくてはならず、表現内容規制・表現内容中立規制の法理をふまえる必要があります。

　ご清聴ありがとうございました。

●インターネット上の表現の自由とヘイト・スピーチの規制

受講者：今の若い人たちは、テレビよりもインターネットが主流ですので、ネット上の表現の自由の特徴について、もう少し詳しくお話いただけませんでしょうか。

鳳（おおとり）：そうですね。ネットの場合、SNS上でのやり取りのように、原則として、対等な者どうしの議論が想定されていると思われます。それゆえ、自ら進んで議論に参加した場合には、対抗言論の法理が適用される余地があるのではないでしょうか。

受講者：インターネット上の表現のメリット・デメリットにはどのようなものがあるでしょうか？

鳳：メリットは『素人』でも情報発信が非常に容易なことです。デメリットは、名誉毀損やプライバシー権侵害、著作権侵害等をめぐるトラブルが多発するようになったことです。社会的影響力の大きさという観点から、テレビ放送に一定の規制があるのはやむをえないかもしれません。でも、素人でも自由な意見交換が可能なインターネットを、放送法類似の規制でがんじがらめにするのは好ましくありません。むろん、未成年者の保護や、名誉毀損・プライバシー権侵害対策は必要ですが。

受講者：民主的な決定に際しては、単なる多数決ではなく、自分と異なる見解を持つ他者と意見交換をして自己の内省を深めた上で決定することが重要であるとする熟議民主主義の観点からすると、インターネットはどんな役割を果たすのでしょうか。

鳳：インターネットは他者とのコミュニケーションを促進する、といいたいところですが、現実には難しいですよね。多くの人びとは自説を補強する見解にのみアクセスしがちで、自分と異なる意見の持ち主と積極的に交流することはありませんから。最近のネットでは、そうした傾向が一層顕著になったような気がします。なかなか上手い処方箋は見つからないですが、憲法学者は、インターネットを前提とした表現の自由論について、今まで以上に議論していく必要があります。

受講者：2016（平成28）年６月に施行された**ヘイト・スピーチ対策法**には罰則はありませんが、裁判実務に何かしらの影響を与えることはあったのでしょうか。また、自治体の取り組みについても教えていただけますでしょうか。

鳳：在日コリアンの人々が多く住む地区で排外主義団体がヘイト・デモを実施し
ようとしたために、同地区に所在する福祉施設側がデモ差止を求めた**川崎ヘイ
ト・デモ差止事件**（横浜地決平成28年6月2日判時2296号14頁）において、裁判所
はヘイト・スピーチ対策法の趣旨をふまえて、当該施設から半径500ｍ以内
でのデモ差止を認めました。このように、同法が既存の法律を解釈する際の指
針として用いられた点は注目に値します。自治体の取り組みの一例として、
2016年1月に成立した大阪市のヘイト・スピーチ対処条例（「ヘイトスピーチへ
の対処に関する条例」）は、市民等からの申出あるいは職権に基づき、学識経験
者等で構成される審査会の意見をふまえたうえで、表現内容の概要、ヘイト・
スピーチの拡散防止措置（削除要請等）を行い、氏名を公表するとしていま
す。同市は、2017（平成29）年度に、ヘイト・スピーチに該当すると認定した
4件のうち3件について、プロバイダに動画の削除要請を行っています。ま
た、2018（平成30）年度には、認定した2件について、プロバイダにまとめ記
事を削除するように要請しています（大阪市HP「『ヘイトスピーチへの対処に関す
る条例』にかかる案件の取扱状況について」（2019年5月31日））。

第12講 「高尚な」学問の自由と「身近な」教育の自由？

はじめに

本日の講座を担当します蟹江^{かにえ}と申します。本日は「学問の自由と教育の自由」についてお話しします。**学問の自由**といわれても、あまりピンと来ないかもしれません。また、**教育の自由**は身近な問題と感じることでしょうが、子ども、親、教師、国との関係を、どのように考えるべきかは、なかなか難しい問題です。今日はその辺を分かりやすくお伝えできたらと思います。

I 学問の自由

1 なぜ学問の自由を保障すべきか？

学問の自由に関する規定をもつ憲法は、世界的にみて多くありません。王権を打倒し近代市民革命を経て作られたイギリスやアメリカの憲法には学問の自由に関する条項はありませんでした。その背景として、思想の自由や表現の自由といった精神的自由に研究の自由が含まれること、また、大学教授などの研究者に一般人と異なる特権を与えることは平等原則に反する、と考えられていたことがあげられます。これに対して、市民革命を経ず、そのため王権がいまだに大きな権力を有していたドイツでは、大学教授などの研究者のみに学問の自由を保障していました。このことは、ドイツがアメリカなどと比べて、他の自由よりも手厚く学問の自由を保障していたというわけではありません。ドイツでは、そもそも一般国民の自由の保障が十分ではない中で「特権」として学問の自由が保障されていたのです。

大日本帝国憲法には学問の自由を保障する規定がありませんでした。そうした中で、学問の自由を弾圧する**滝川事件**（1933年）や**天皇機関説事件**（1935年）などが起きました。滝川事件とは、京都帝国大学教授の滝川幸辰の学説が自由主義的であるとの理由で問題となり、内務省により滝川の著書が発禁処分にさ

れ、また鳩山文部大臣により休職処分を受けたこと対し、京都帝国大学法学部の教官全員が辞表を提出した事件です。天皇機関説事件というのは、美濃部達吉が唱えた天皇機関説という学説が国体に反すると非難され、政府が美濃部の著書の発売を禁じ、学校でこの説を教えることを禁止した事件です。こうして政府にとって都合の悪い思想が弾圧されていきました。

　そもそも学問は、真理や普遍的価値を探求するものです。そのため、社会の「常識」に疑問を呈したり、その時々の政治のあり方を批判したり、さらには政治体制を揺るがしたりすることがあります。だからこそ、先のような事件が起きてきたわけです。このように学問の自由は権力者によって侵害される危険性が高く，実際にそうした歴史があるため、日本国憲法は**思想良心の自由**（19条）や**表現の自由**（21条）とは別に、23条で学問の自由を明記したのです。

2　学問のためなら何でも許される？——内容と限界

　学問の自由の内容には、①研究者自らが研究テーマを決定し研究する「学問研究の自由」、②研究結果の発表の禁止は学問研究の自由の意味がなくなってしまうため、「研究結果の発表の自由」、そして③研究者が自ら決定した内容と方法で研究成果を伝える「教授の自由」があります。

　最高裁は**ポポロ事件**判決（最大判昭和38年5月22日刑集17巻4号370頁）で、23条で保障される「学問の自由」の内容を明らかにしました。この事件の概要は次のとおりです。列車転覆事件をめぐって国鉄の労働組合員などが逮捕・起訴された松川事件を主題とした演劇を、学生が大学の許可を得て学内で行っていました。そこに警備情報活動のために私服の警察官が入場しているのを学生が発見し、警察官の洋服の内ポケットから紐を引きちぎって警察手帳を奪ったこと等が「暴力行為等処罰ニ関スル法律」1条に反するとして起訴されました。警備情報活動というのは、具体的に発生した犯罪の捜査のためではなく、将来行われるおそれのある犯罪の発生を予防するために各種の情報を収集する活動を指します。この事件では警察官が、数年間連日にわたり私服で東京大学構内に立ち入り、張込み、尾行、盗聴などを行い、教職員や学生の思想動向を調査していました。

　ポポロ事件判決は、23条の学問の自由には①学問研究の自由と②研究発表の

自由が含まれると解しました。③教授の自由については、「学問の自由と密接な関係を有するけれども、必ずしもこれに含まれるものではない」としながらも、23条が定める学問の自由は特に大学において保障することを趣旨としていること等から、大学教員の教授の自由が保障されると述べています。

　さて、学問研究の自由への制約は一切許されないのでしょうか。じっくりと頭の中だけで考えをめぐらせる場合は、誰の権利・利益も害しないため絶対的な保障が及び、規制することは許されません。しかし、他者の権利・利益を侵害する可能性がある実験や臨床などは、規制の対象となります。個人の生命・身体などに危害を与える具体的な危険がある場合には、「公共の福祉」による制約として認められるでしょう。

　もっとも、そうではない場合の学問研究の自由の規制のあり方は、非常に難しい問題です。特に問題となるのは、原子力技術、遺伝子組み換え研究、臓器移植、生殖医療といった先端科学技術に関する規制のあり方です。科学技術の発展は人間の生活を豊かにする可能性がある一方で、社会に大きな悪影響を及ぼしたり、人間の生存を危機にさらしたりするおそれもあります。このような危険の発生が明らかではない場合や、研究者自身も予測不可能な危険が発生するおそれもあります。こうした場合に規制すべきかが問題となります。また、侵害から守られるべき権利・利益も様々です。生命・身体の保護はもちろんのこと、環境の保護、さらには倫理的な理由を保護の目的とする場合もあります。保護すべき利益が何であるかによって、規制の賛否も分かれることでしょう。

　また規制の方法も多様です。法律によるものから、行政のガイドライン、専門家集団の自主規制などがあります。法律による規制として、「ヒトに関するクローン技術等の規制に関する法律」があります。この法律は、クローン技術等が「人の尊厳の保持、人の生命及び身体の安全の確保並びに社会秩序の維持（……）に重大な影響を与える可能性がある」ことを規制の目的として掲げ、クローン技術等の規制や禁止を定め、これに違反する者に刑罰を科する規定を設けています。法律による規制は実効性を期待できますが、学問研究の自由が権力者に弾圧される危険性もあります。他方で、専門家の自主規制に委ねた場合、それに反する研究に実際上歯止めをかけることができないという難点があ

ります。

　ところで、学問の自由の保障は、大学教授などの研究者だけに限られるのでしょうか、それとも一般人にも及ぶのでしょうか。ポポロ事件判決は、①学問研究の自由と②研究結果の発表の自由は、すべての国民に及ぶとしましたが、23条は「特に大学におけるそれらの自由を保障することを趣旨としたものである」と解し、その保障の程度は大学の研究者と異なることを示唆しています。また、③教授の自由（教育の自由）については、先に述べた23条の趣旨等から、「大学において教授その他の研究者がその専門の研究の結果を教授する自由」が保障されるものと解し、教授の自由は大学の研究者に限られると判示しました。しかしその後、**旭川学テ事件判決**（最大判昭和51年5月21日刑集30巻5号615頁）でこの見解を修正したと解し得る判断を示しました。この事件は、全国一斉学力テストが教育への国家の介入であり、教員の自由な創意と工夫による教育活動への妨害となること等を理由として、テストの実施を阻止しようとした教員が公務執行妨害罪等の罪に問われた事案です。旭川学テ事件判決は、普通教育（初等中等教育）においても、「教師が公権力によって特定の意見のみを教授することを強制されないという意味において、また、子どもの教育が教師と子どもとの間の直接の人格的接触を通じ、その個性に応じて行われなければならないという本質的要請に照らし、教授の具体的内容及び方法につきある程度の裁量が認められなければならないという意味においては、一定の範囲における教授の自由が保障されるべきことを肯定できないではない」と述べています。ただし、この判決は、子どもには教育内容を批判する能力が乏しく、教師が子どもに対して強い影響力、支配力を有していることや、子どもには学校や教師を選択する余地が乏しく、教育の機会均等をはかるために全国的に一定の水準を確保すべき強い要請があることを挙げて、大学教育と普通教育との違いを指摘し、「普通教育における教師に完全な教授の自由を認めることは、とうてい許されない」と説いていることに注意が必要です。

3　大学の自治って何？

　学問の自由は歴史的に**大学の自治**を中心に発展してきており、大学の自治は学問の自由を確保する核心と言えます。ポポロ事件判決も、「大学における学

問の自由を保障するために、伝統的に大学の自治が認められている」と述べ、「大学が学術の中心として深く真理を探究し、専門の学芸を教授研究することを本質とすることに基づくから、直接には教授その他の研究者の研究、その結果の発表、研究結果の教授の自由とこれらを保障するための自治とを意味する」と解しています。

さて、大学の自治には何が含まれるでしょうか。ポポロ事件判決は「大学の自治は、とくに大学の教授その他の研究者の人事に関して認められ、大学の学長、教授その他の研究者が大学の自主的判断に基づいて選任される」と判示し、「人事の自治」がその一つであることを明らかにしました。また、大学の施設と学生の管理については、「ある程度で大学に自主的な秩序維持の権能が認められている」としています。学説では、①人事の自治（大学の教員の採用・昇格・罷免、学長の選定等）、②施設・学生の管理の自治（大学の施設の利用、構内への立入りの決定、学生の入学・成績評価・修了の決定等）が含まれるとされ、これに加えて、③教育研究の内容および方法の自治、④予算管理の自治を挙げる説もあります。

人事の自治をめぐって争われたものとして、**九大・井上事件**（東京地判昭和48年5月1日訟月19巻8号32頁）があります。この事件は、九州大学が大学評議会で井上教授を学長事務取扱に選考し、文部大臣に対して学長事務取扱に任命するよう申し出たにもかかわらず、任命権者である文部大臣が発令をせず2か月間放置したことが名誉棄損にあたるかどうかをめぐって争われました。裁判所は、結論において名誉棄損を認めませんでしたが、大学の自主的選考を経た申出に対し、文部大臣の「選択の余地、拒否の権能はなく」、申出が明らかに法律の定める手続に反していたり、申出のあった者が公務員としての欠格条項に該当するなど「違法無効と客観的に認められる場合」を除き、「相当の期間内に申出のあった者を学長……として任命しなければならない職務上の義務を負う」と解し、文部大臣に拒否権がないことを示唆しました。

施設・学生の管理の自治の侵害が問題となったのは先述のポポロ事件です。ポポロ事件判決は、学生の集会は「大学の教授その他の研究者の有する特別な学問の自由と自治の効果」が認められるに過ぎないとし、大学が公認した団体や大学が許可した学内集会であることのみで「特別な自由と自治を享有するも

のではない」と判示しました。そして最高裁は、「学生の集会が真に学問的な研究またはその結果の発表のためのものでなく、実社会の政治的社会的活動に当る行為をする場合には、大学の有する特別の学問の自由と自治は享有しない」としました。また、集会が一般人にも開かれている場合は、公開の集会またはそれに準じるものだとみなしています。そして「警察官が立ち入つたことは、大学の学問の自由と自治を犯すものではない」と結論づけています。この判決に対しては、施設・学生の管理に自治を「ある程度」しか認めず、大学の自治を制限的に捉えていること、政治的社会的活動と学問研究・発表の区別は極めて困難であること等の強い批判があります。

　同じく、施設・学生の管理の自治に関して問題となったのは、**愛知大学事件**（名古屋高判昭和45年8月25日刑月2巻8号789頁）です。当時、愛知大学では先に述べたポポロ事件なども相まって、警備情報活動に対する警戒心が非常に強くなっていました。そうした状況のもとで、同大学の構内に立ち入った制服の警察官に対し、学生が詰問したり暴行を加えたりしたことが刑法等に反するかどうかをめぐって争われました。名古屋高等裁判所は、犯罪捜査のための警察官の学内への立入りの有無を警察側に委ねると、やがて「実質的に大学の自主性がそこなわれる」おそれがあるため、「緊急その他已むことを得ない事由ある場合を除き、大学内への警察官の立入りは、裁判官の発する令状による場合は別として、一応大学側の許諾または了解のもとに行うことを原則とすべきである」と判示しました。そして、「学問の自由、大学の自治にとつて、警察権の行使が干渉と認められるのは、それが、当初より大学当局側の許諾了解を予想し得ない場合、特に警備情報活動としての学内立入り」の場合であると指摘し、警備情報活動の特異性と問題点に言及した点が注目されます。

　昭和女子大事件（最判昭和49年7月19日民集28巻5号790頁）は、学生の管理に関する判断を示しています。この事件は、昭和女子大の学生が学外で大学の方針と異なる政治活動を行っていたことを理由に、大学が自宅謹慎を命じたところ、当該学生がこの処分を批判する発言をメディアで行ったこと等から、大学がこの学生を退学処分としたものです。最高裁は、「大学は、国公立であると私立であるとを問わず、学生の教育と学術の研究を目的とする公共的な施設であり、法律に格段の規定がない場合でも、その設置目的を達成するために必要

な事項を学則等により一方的に制定し、これによつて在学する学生を規律する包括的権能を有する」と述べ、学生の処分に関して大学が判断できる幅を大きく認め、退学処分を是認しました。

II　教育の自由

1　勉強をしたら将来役に立つ？

　子どもの頃、勉強が嫌でしかたがなかった人は多いでしょう。しかし、もし十分な教育を受けることができないと、字を読むことも書くこともできず、読書やインターネットの利用もできません。仕事をすることも極めて困難です。また、1人の市民として政治を理解し参加することもできないでしょう。このように、学ぶことはすべての基礎となるものです。先述の旭川学テ事件判決も、「子どもの教育は、子どもが将来一人前の大人となり、共同社会の一員としてその中で生活し、自己の人格を完成、実現していく基礎となる能力を身につけるために必要不可欠な営みであり、それはまた、共同社会の存続と発展のためにも欠くことのできないものである」と述べています。

　しかし、歴史をみれば分かるように、日本を含め児童を労働力として酷使することが多く行われてきました。そのため27条3項は、児童の酷使を禁止し、26条1項で教育を受ける権利を保障しています。もっとも、**教育を受ける権利**を保障しているだけで、子どもが実際に教育を受けることができるかはわかりません。勉強せずに働いてお金を稼いで来なさいという親もいるかもしれません。そこで、26条2項は保護者に教育を受けさせる義務を課しています。さらに、貧困な家庭に生まれても、きちんと教育を受けることができるよう、国に義務教育を無償にするよう要求しています。同様に、26条1項が「ひとしく」と規定していることは、貧富の差にかかわりなく、誰もが教育を受けることができるよう、国家に経済的配慮を要求することを意味すると考えられていました。これを教育の機会均等と言います。

　しかし、26条が保障するのは教育の機会均等だけではない、という考えが登場します。成長の途上にある子どもの学習する権利、すなわち**学習権**の観念です。旭川学テ事件判決は、26条の規定の「背後には、国民各自が、一個の人間

として、また、一市民として、成長、発達し、自己の人格を完成、実現するために必要な学習をする固有の権利を有すること、特に、みずから学習することのできない子どもは、その学習要求を充足するための教育を自己に施すことを大人一般に対して要求する権利を有するとの観念が存在している」と指摘し、学習権という考え方を認め、教育を受ける子どもの側を中心に26条を解釈していくことを打ち出しました。

　この学習権という観念を前提として、「その能力に応じてひとしく」という文言は、個人の適性や能力の違いに応じてという意味だけでなく、障害のある児童・生徒に一般の場合以上の条件整備を要請するものと解する説が有力に主張されています。この点について、**市立尼崎高校事件判決**（神戸地判平成４年３月13日行集43巻３号309頁）が注目に値します。デュシェンヌ型筋ジストロフィー症に罹患した学生が、養護学校ではなく普通学校への入学を希望し市立尼崎高校を受験したところ、学力は合格点に達していたものの、「高等学校の全課程を無事に履修する見通しがない」ことを理由に入学不許可処分を受けため、その処分の取消等を求めた事件です。神戸地裁判決は、「障害を有する児童、生徒も、国民として、社会生活上あらゆる場面で一人の人格の主体として尊重され、健常児となんら異なることなく学習し発達する権利を保障されている」と説き、「健常者で能力を有するものがその能力の発達を求めて高等普通教育を受けることが教育を受ける権利から導き出されるのと同様に、障害者がその能力の全面的発達を追求することもまた教育の機会均等を定めている憲法その他の法令によって認められる当然の権利である」と判示し、入学不許可処分の取消を認めました。

　なお、ここまで子どもの教育を受ける権利についてお話ししてきましたが、働きながら夜間学校に通ったり、通信教育を受けたりする大人もおり、大人も含めたすべての国民に教育を受ける権利が保障されていることを付け加えておきたいと思います。

2　「教育の自由」は誰のもの？

　子どもに教育をする「**教育の自由**」は、誰に保障されているでしょうか。この点について旭川学テ判決は、「子どもの将来に対して最も深い関心をもち、

かつ、配慮をすべき立場にある者」である「親の教育の自由は、主として家庭教育等学校外における教育や学校選択の自由にあらわれる」と述べています。公立学校とは異なり、建学の理念をもつ私立学校に子どもを通わせる選択肢があることは重要でしょう。また旭川学テ事件判決は、私立学校の教育の自由や教師の教育の自由についても、「それぞれ限られた一定の範囲において」肯定されるとしています。もっとも、教師の教育の自由は権限（仕事を行うために与えられた必要な力）と捉える考えが有力です。いずれにしても、これらの「教育の自由」は子どもの学習権に対応する限りで認められることに注意する必要があります。

3 教育の内容と方法を決定できるのは誰？——教育権論争

　普通教育において教育内容と方法を決定できるのは誰なのか、といった論議を教育権論争と呼びます。この論点は、国家による教育の統制とそれへの批判とともに論じられてきました。そして、文科省が教科書用として編纂された図書の内容を審査し、これに合格した図書だけ、学校で教科書として使用することが許されるという**教科書検定制度**の合憲性を争った**家永教科書検定訴訟**の中で展開されてきました。

　1つの考えは「国民の教育権」説というものです。この説の考え方は次のようなものです。すなわち、もともと子どもの教育は親が担う私的なものであったけれども、近代においてすべての親が子どもの教育を担うことは不可能であり、そのため、公教育としての学校教育が必要となった、とみます。そして、公教育は親の教育の義務を共同化したもので、具体的には教育専門家である教師が国民全体に責任を負いながら遂行するものであると考え、国家の権能は教育を受ける権利のための条件整備にとどまり、教育内容への介入は許されない、と説きます。第2次家永教科書検定訴訟1審判決（東京地判昭和45年7月17日行集21巻7号別冊1頁）、いわゆる杉本判決がこの説を採用しました。

　もう1つの考えは「国家の教育権」説と呼ばれるもので、以下のように考えます。公教育は社会の進展に応えるため、従来のような親などの私的な教育に委ねるのではなく、国家が主体となって行うものであり、それは国民全体の意思に従って行われるべき、と考えます。こうした意思は国民の選挙で選出され

た国会議員がつくる法律を通じてのみ具体化され実現されると解し、教育行政機関はこうした法律に基づき教育内容を決定できる、と主張します。第1次家永教科書検定訴訟1審判決（東京地判昭和49年7月16日訟月20巻11号6頁）、いわゆる高津判決がこの説を採りました。

　このように下級審で判断が分かれていたところ、最高裁は旭川学テ事件判決で、この点について判断を下しました。最高裁は「国民の教育権」説と「国家の教育権」説は、「いずれも極端かつ一方的であり、そのいずれをも全面的に採用することはできない」と判示しました。つまり、教師あるいは国であれば、教育内容や方法を何でも自由に決定できる、という考えを退けたわけです。最高裁は次のように述べています。「一般に社会公共的な問題について国民全体の意思を組織的に決定、実現すべき立場にある国は、国政の一部として広く適切な教育政策を樹立、実施すべく、また、しうる者として、憲法上は、あるいは子ども自身の利益の擁護のため、あるいは子どもの成長に対する社会公共の利益と関心にこたえるため、必要かつ相当と認められる範囲において、教育内容についてもこれを決定する権能を有する」。もっとも、これには限界があります。すなわち、「個人の基本的自由を認め、その人格の独立を国政上尊重すべきものとしている憲法の下においては、子どもが自由かつ独立の人格として成長することを妨げるような国家的介入、例えば、誤つた知識や一方的な観念を子どもに植えつけるような内容の教育を施すことを強制するようなことは、憲法26条、13条の規定上からも許されない」というわけです。このように最高裁は折衷的な立場に立つことを明言しましたが、「必要かつ相当と認められる範囲」とは、どこからどこまでを指すのかが問題となります。その点を次にみていきましょう。

　学校教育法が定める教科書使用義務に違反し、また各教科の目標や内容などを定める学習指導要領から逸脱した授業を行ったこと等で懲戒免職処分となった高校教員が、その取消を求めた伝習館高校事件（最判平成2年1月18日民集44巻1号1頁）において最高裁は、学習指導要領は法規としての性質を有し、「そのように解することが憲法23条、26条に違反するものではない」と判示しました。つまり学習指導要領は単なる目安や手引きなのではなく、教員は従う法的義務を負っていて、学習指導要領に従わなかった場合、それを理由に懲戒など

の処分を下すことは憲法に反しないということです。

　学校教育において、どのような内容の教科書を用いるかは極めて重要な事柄です。教科書検定制度が違憲であるかが争われた第1次家永教科書検定訴訟最高裁判決（最判平成5年3月16日民集47巻5号3483頁）は「普通教育の場においては、児童、生徒の側にはいまだ授業の内容を批判する十分な能力は備わっていないこと、学校、教師を選択する余地も乏しく教育の機会均等を図る必要があることなどから、教育内容が正確かつ中立・公正で、地域、学校のいかんにかかわらず全国的に一定の水準であることが要請される」とし、教科書検定制度がそれらの要請実現するために行われるものであることは明らかであり、検定の基準もその「目的のための必要かつ合理的な範囲を超えているものとはいえず、子どもが自由かつ独立の人格として成長することを妨げるような内容を含むものでもない」と判示し、教科書検定制度を合憲としました。もっとも、教科書検定制度が合憲であっても、どのような検定でも許されるというわけではありません。第3次家永教科書検定訴訟判決（最判平成9年8月29日民集51巻7号2921頁）は、多数の中国人等に生体実験を行い殺害した旧日本軍の部隊である731部隊に関する原稿の内容を全部削除しなければ検定の合格を認めない、とした文部大臣の修正意見を違法としています。

4　タダを要求できるのはどこまで？──義務教育の無償

　最高裁は、26条2項が定める**義務教育の無償**とは授業料を意味すると解し（最大判昭和39年2月26日民集18巻2号343頁）、学説の多くも同様の考えです。したがって、給食費、教材費、修学旅行費などは保護者負担となります。もっとも教科書代については1963年以来、法律により無償となっています。また学校教育法19条は、経済的理由で就学困難な保護者を援助することを定め、修学必需品に関する補助を行っています。これ以外に、地方自治体レベルでの援助もあります。また、2019年から一定の施設での3〜5歳児の児童教育・保育が無償化され、0〜2歳児については住民税非課税世帯を対象とする無償化が行われました。

おわりに

　学問の自由も教育の自由も、将来の国民のあり方、国家のあり方に密接不可分です。この講座では、そうした「大きな話」にふれる余裕はありませんでしたが、広い視野にたって考えてみると、また違う発見があるかと思います。

　ご清聴ありがとうございました。

質疑応答の時間

受講者：近年、大学と軍事研究に関する議論がなされていると聞いたのですが、具体的にどういう内容なのでしょうか？

蟹江（かにえ）：防衛装備庁の「安全保障技術研究推進制度」のことですね。この制度はデュアルユース技術を活用するために、基礎研究を育成するための研究を募集し、採択された研究に研究費を助成するものです。デュアルユース技術とは軍事にも民生にも用いることのできる技術のことで、たとえば細菌やウィルスの研究によって、軍事用途としては生物兵器を開発でき、民生用途としてワクチンの開発につながるという、軍民両用の技術です。防衛装備庁は軍事目的のみの研究ではなく、デュアルユースであることを強調していますが、将来の装備開発につなげることを明確に示しており、また研究の進捗の管理も行われます。そうすると研究の自律性は失われ、また研究成果の発表も不可能になるかもしれません。こうした制度に大学の研究者が参加してよいのかをめぐって議論されています。学問の自由が権力者によって侵害されたり利用されたりしてきた過去を踏まえ、慎重に検討する必要があります。

受講者：いじめ等が原因で子どもが学校に通いたくなくても、26条2項により保護者に教育を受けさせる義務があるため、無理にでも学校に行かせなければいけないのでしょうか？

蟹江：学校教育法17条は就学させる義務を定め、これに反すると場合によっては罰金が科せられます（144条）。この法律の定める「学校」とは、同法の要件を満たし認可された「学校」だけを指します。しかし、この「学校教育」は26条2項が定める「普通教育」と同じであるかは論議のあるところです。もし違うのであれば、フリースクールやインターナショナルスクール、さらにはホームスクーリング（自宅での教育）で教育を受けさせることは、憲法に反しないと解することができ、保護者の義務を果たしているといえます。

第13講　経済的自由とはいかなる自由でしょうか？

はじめに

　こんにちは、三猪です。ここでは、基本的権利のうちの**経済的自由権**について
お話しします。経済活動は、私たちの生活にとって不可欠のものです。難し
い話ではありません。アルバイトをしたり、学校卒業後に働いたりして得たお
金で、カフェやコンサートに行ったり、アイスクリームやファッション雑誌を
買ったりするでしょう。これらの経済活動は、私たちの生活に不可欠であり、
彩りを加える重要なものでもあります。そして、これを支える権利が経済的自
由ということができます。

　日本国憲法では、22条１項で規定する**職業選択の自由**、同条２項に定める**居
住・移転の自由**そして29条で規定する**財産権**が経済的自由に含まれるものとし
て議論されてきました。この経済的自由は、表現の自由や信教の自由などの精
神的自由とは異なり、法律による規制を広く受けることが認められがちなもの
とされてきました。しかし本来これらの権利は、自由な経済活動を行うために
必要なものとして、重要視されてきたものでもありました。この章では、これ
らの権利に関わる判例をもとに、その概要をみていきたいと思います。

I　職業選択の自由とは何でしょうか

1　職業選択の自由と営業の自由

　そもそもなぜ職業選択の自由というものが憲法において定められているので
しょうか。第１講でみたように、自分の就きたい職業に就き、自分の信じる宗
教を信じることが難しい封建的な社会から、それぞれの個人が解放されたこと
によって、近代憲法により基礎づけられている市民社会が形作られたというこ
とができます。そういう意味で、個人が自らの選んだ職業に就く自由は近代に
おいて大切なものとなったのです。これに関連して、後に述べる薬事法違憲判

決では、職業とは個人の人格的価値と不可分な関連を有することを示しています。

　もっとも、職業を選択することだけでは十分ではなく、就いた職業を実際に進めてこそ意味があると考えられます。そのことから、職業選択の自由は「**営業の自由**」を含むとされます。ただし営業の自由があるからとはいえ、社会の秩序や国民の健康を守るためには制約を受けざるをえない場合があります。たとえば、独学でいくら医学の勉強をしたからといって、好き勝手に他人に対して治療行為をしたら、結局ほかの人たちの健康を害することになります。このような例を考えたら、営業の自由にも規制がかけられうることは分かりますね。この営業の自由を立法により規制するとき、その規制の目的から、消極目的規制と積極目的規制とに分けて検討する見方があります。

2　規制目的二分論の内容

　消極目的規制とは、国としては人びとの生命や健康を守ったり、社会の秩序を維持したりするために、本来ならば職業選択の自由に規制することは個人の自由を損なうものではあるとはいえ、制限をかけなければならないという意味で「消極」ということばがつけられているものです。たとえば、骨とう品などを扱う古物商について、社会秩序の維持などを目的として許可制とすることや、医師や薬剤師など生命、健康にかかわる職業について資格を設けること、または需給調整のためにタクシー業など特定の事業について免許制とすることなどがあげられます。

　これに対し**積極目的規制**は、いわゆる福祉国家の理念のもとで経済的な弱者の保護を念頭におきつつ、社会経済の調和的な発展のためになされる政策的な規制ということができます。たとえば大規模小売店舗立地法という法律に基づいて、建物全体の売り場面積が $1000\,\mathrm{m}^2$ を超える大規模小売店舗を開設するには事前に届出を要し、説明会の開催や意見書の提出を認めることなどは、周辺環境や周辺の中小の小売店を保護するための規制ということができます。

3　規制目的を分けることと規制に対する違憲審査の基準

　こうした経済的自由を規制する立法の合憲性について、後に述べる「小売商

業特別措置法判決」にみられるような、いわゆる「**二重の基準**」論により、精神的自由に比べてゆるやかな基準により審査するという考え方が示されています。

　まず、一般的に**合理性の基準**が用いられます。これは、規制立法の立法目的および立法目的を達成する手段について合理性の存在が認められるかどうかを審査するというものです。この場合立法について合憲性の推定が働いていることから、合憲の判断がなされやすくなるとされます。この合理性の基準は、**積極目的規制**の場合と**消極目的規制**の場合とに分けて用いられます。積極目的規制の場合は、**明白性の原則**が用いられ、規制が著しく不合理であることが明白である場合にかぎって違憲とされます。これに対して、消極目的規制の場合、**厳格な合理性の基準**として、規制の必要性と合理性とを立法事実（法律制定の基礎となり、その合理性を支えるような社会的、経済的な事実などをいいます）により審査するとされます。積極目的規制の場合は政策判断によるところがあるため、司法による審査が困難であることを理由に基準がゆるやかになり、逆に消極目的規制の場合はより厳格に審査されるという形になっています。

　このように規制目的を二分して考える見方に対しては批判もあり、また、後に述べるように最高裁の判例でも二分論によらずに判断を示している事例もあることは、この問題の複雑さを示しているということができます。

4　主要な判例

　営業の自由に関わる有名な判例にはこれまで述べた「小売商業特別措置法判決」や「**薬事法違憲判決**」などがあります。これらについて、簡単にみておきましょう。

（1）　**小売商業特別措置法判決**（最大判昭和47年11月22日刑集26巻9号586頁）

みなさんは小売市場ということばを聞いたことがあるでしょうか。現在多くみられる大規模なスーパーマーケットのようなものではなく、八百屋、魚屋（あるいは、そのコーナー）などが1つのところに集まった小規模なものと考えていただければよいでしょう。この市場について規制する法律に小売商業特別措置法があります。この法律により、小売市場の開設については都道府県知事の許可によるものとしていて、大阪府ではすでにある小売市場との間に700mの距

離を開けなければならないという規制を設けていました。しかし府知事の許可を受けずに市場を開設し起訴され敗訴した人が、許可による規制と距離制限が22条1項に違反するとして上告したものです。

　この判決の中で最高裁判所は、まず「憲法が福祉国家的理想のもとで社会経済の均衡のとれた調和的発展を企図」し、生存権を保障するところから、「経済的に劣位にある者に対する適切な保護政策を要請している」としたうえで、社会経済政策の積極的な実施は国の責務であることを憲法は予定しており、個人の経済的自由は精神的自由と異なって社会経済政策の実施のために一定の合理的規制措置を講ずることは許容されるとして、いわゆる「二重の基準」の考え方を示しています。さらに、個人の経済活動に関する法的規制については原則として立法府の裁量に委ねるべきだとしたうえで、本件については、小売市場について許可規制の対象としているのは社会経済政策の一環として中小企業の保護のためにとった措置とみることができることから、目的において一応の合理性を認めることができ、また、規制の手段や態様においてもそれらが著しく不合理であることが明白とは認められないと示しています。

　(2)　**薬事法違憲判決**（最大判昭和50年4月30日民集29巻4号572頁）　最近繁華街にはドラッグストアが並んでいますが、この判決は薬を購入する店に関しての訴訟です。これは、1963（昭和38）年に改正された薬事法という法律において、薬局の適正な配置についての規定が追加されたことに関わります。この法律の改正前から、販売の方法の変化がみられ、安い値段での販売合戦さえ見受けられはじめたことが影響しています。そこで薬事法の改正が行われ、薬局を開設するに当たっては登録制から許可制に変わったうえ、開設に際しての距離制限が定められることとなったのです。薬事法のこの規定に基づき、広島県の条例ではすでにある薬局から100m離さなければならないことが定められていました。この規制の違憲性が争われた裁判で最高裁判所は、先に述べたように職業について、生計を維持する手段のみならず個人の人格的価値に関わるものと位置づけつつ、「社会の存続と発展に寄与する社会的機能分担の活動という性質」から社会的相互関連性も大きいため、それ以外の憲法の保障する自由に比べて公権力による規制の要請も強くなるとしています。そのうえで、薬局を開設するにあたって距離制限を設ける目的は、「主として国民の生命及び健康

に対する危険の防止という消極的、警察的目的」であるとして、その目的に基づく規制措置の重要性を認めました。

　しかし、消極的、警察的な規制の目的にもとづく規制措置については、この制限を加えなければ、その措置による「職業の自由の制約と均衡を失しない程度において国民の保健に対する危険を生じさせるおそれがあることが、合理的に認められる」ことが必要であると示しました。つまり、立法目的を達成するためによりゆるやかな手段がないかどうかを審査する、いわゆる「LRA（Less Restrictive Alternative：より制限的でない他の選びうる手段）の基準」の考えが示されたといえます。そして、薬局などが乱立して過当競争が生じ一部の業者の経営が不安定になるなどして不良医薬品が供給されるという危険は観念的なものであるとし、規制の必要性と合理性とを欠くと示しました。

　(3)　その他の重要な判例　　公衆浴場の設置にかかわる距離制限については、いくつかの判例があります。1955（昭和30）年1月の最高裁判決（最大判昭和30年1月26日刑集9巻1号89頁）では、公衆浴場は「多分に公共性を伴う厚生施設」であり、国民保健や環境衛生の観点からもその偏在や濫立をきたすことは公共の福祉に反するものであることから、配置について制限を設けることは22条に違反しないとしています。また1989（平成元）年3月の最高裁判決（最判平成元年3月7日集民156号299頁）では、規制目的には国民保健及び環境衛生の確保という点があることとともに、自家風呂を持たない国民にとっては不可欠の厚生施設であって料金は低額に抑えられていること、そして自家風呂の普及により公衆浴場業の経営が困難になりつつあることなどをその視野に入れ、規制目的の二分論にはよらず、目的達成のために必要かつ合理的な範囲内の手段であるとして、この制限を合憲としています。これに対し同様の事件の判決（最判平成元年1月20日刑集43巻1号1頁）で最高裁は、公衆浴場の開設距離制限の目的について、公衆浴場業の経営を保護することにある積極目的規制ととらえており、この制限を合憲としています。

　酒類販売免許判決（最判平成4年12月15日民集46巻9号2829頁）は、酒類販売業の免許制について問われた事例です。酒税法では酒税の確実な徴収のために、経営基盤が弱いものに対しては酒類販売免許が税務署長から与えられないと定められていました。この規定の合憲性が争われた事件の判決で、最高裁は税の

賦課徴収については総合的な政策的判断や技術的判断が必要であるとしたうえで、この規制の合理性と必要性に対する立法府の判断は政策的、技術的な裁量の範囲を超え著しく不合理でない、として合憲としています。

Ⅱ　居住・移転の自由とは何でしょう

いわば「土地に縛られていた」ともいえる封建時代からの個人の解放ということを考えれば、**居住移転の自由**もまた職業選択の自由とつながるものであることは理解いただけると思います。自由に自分の住みたいところに住み、自分の就きたい職業に就くということは関連した事がらだということができるからです。もっとも、自らの居住する場所を選択して、移動するという点から考えれば「経済的」側面のみに限定されない問題ではあります。さて、22条1項では、居住、移転の自由を、そして同条2項では外国移住、**国籍離脱の自由**を定めています。外国への移住は移民とも関係してくることから国籍離脱の自由と合わせて1つの条項にされたものとされています。外国旅行の自由についても、2項に定める外国移住の自由に含まれるという理解が通説となっていて、旅券の発給拒否問題について争われた最高裁判決（最判昭和60年1月22日民集39巻1号1頁）でも外国旅行の自由を22条2項で保障された基本的人権としています。

国籍離脱の自由は、日本の国籍を自らの意思によって放棄することの自由です。この自由については、外国人には適用されないものと理解されます。外国籍を持つ者がその国籍を放棄することの自由まで日本国憲法で規定する意味はないからです。なお、日本国籍を持つ者が無国籍になる自由を含むかどうか、という点については、無国籍になる自由を保障したものではないという見解が多数となっています。

Ⅲ　財産に対しても権利をもっているの？

1　**財産権**とは、どういう**意義**をもっているのでしょう

29条1項では、「財産権は、これを侵してはならない」と規定しています。

この「**財産権**」は、1789年のフランス人権宣言において「所有は、神聖かつ不可侵の権利」とされ、自由や安全とならんで**自然権**の１つとされていました。このような財産権を絶対のものとする考えは、その後の資本主義経済の発展に大きな役割を果たしたということができます。もっとも、第14講でもふれるように産業革命の進展など経済状態の変化とともに経済的格差が大きくなるなかで、一定の制限を設けた形での財産権という形がうまれ、現在にいたっています。

　日本国憲法での財産権規定については、「個人の財産に対する権利」を保障したものであるとともに、「個人が財産権を享有できる制度」（私有財産制）を保障したものでもあるという見解が通説となっており、判例もこの見方によっています。

　2　財産権の制限について、裁判ではどのように判断されてきたのでしょう
　29条２項は、「財産権の内容は、公共の福祉に適合するやうに、法律でこれを定める」としています。財産とは市場に関わる複雑なものですから、法律によって定めなければならないところがあります。このことにより、財産権の制約について法律で定めることができるということが読み取れます。たしかに、自分が所有しているものだからといって、なんでも自由にそれを利用できるわけではないことは容易に理解できると思います。たとえば、不動産業者のチラシをみていると売りに出されている土地の条件として、「建ぺい率〇％」といった文言が書かれています。建ぺい率とは土地の面積に対する建物面積の割合をいいます。これが小さい場合は、建物の周囲に空間が大きく取られることになります。こうした空間をもうけることは、防災や生活環境に関わりがあることですので、その土地の用途に応じて割合も変えられています。本来自分が所有している土地ですから、自由に使用することができるはずですが、公共の福祉を根拠に制約がかけられているわけです。

　この「**公共の福祉**」に基づく規制については、職業選択の自由におけるものと同じく、社会における安全の保障や秩序の維持という消極的な目的（隣接地との関係での土地所有権相互間の利用調整、火災予防などのための防火対象物に対する改修命令など）もあれば、社会政策、経済政策的な点からの積極的な目的（文化

財保護のための規制や都市計画法に基づく土地利用制限など）もあるとされています。ただし、公害防止や環境保護など、消極目的と積極目的の両面をもつものが多くあるのが実際のところです。それでは、裁判ではこれらの規制立法についてどのように判断されてきたのでしょうか。

（1）**森林法違憲判決**（最大判昭和62年４月22日民集41巻３号408頁）　この裁判は、森林を父親から生前贈与を受け共有していた２人の兄弟のうち、弟がその森林のうちの自らの持分である森林の２分の１を分割することを求めたものの、当時の森林法の規定によりこれが認められなかったことから、争いになったものです。森林法186条では、持分が２分の１以下の者の分割請求は認めていませんでした。その理由として、森林が細かく分割されすぎると森林経営が零細化し、経営が安定しなくなるためにこれを防止するということがあげられていました。この規定の合憲性が裁判で争われたのです。最高裁の多数意見では、まず財産権の種類や性質などが多様であり、その規制の目的も多岐にわたることから、「規制の目的、必要性、内容、その規制によって制限される財産権の種類、性質及び制限の程度などを比較考量」して、その規制が29条２項にいう公共の福祉に適合するかどうかを判断すべきところ、立法府による比較考量を尊重する立場から、立法目的が公共の福祉に合致しないことが明らかであるとき、または合致したとしても目的達成のための手段が目的との間に必要性もしくは合理性に欠けるときにかぎり、その立法は違憲であるとしました。そのうえでまず立法目的について、森林経営の安定を図るという規定の目的自体は公共の福祉に合致しないことが明らかであるとはいえないとして合憲との見解を示しました。しかしその目的を達成する手段として持分が２分の１以下の所有者の分割請求を認めないとしたことと目的との間には、合理的な関連性がないとし、森林法186条を違憲であるとしました。つまり、具体的には共有関係があるからといって協力して森林経営することとは関係がなく、意見に対立がある場合などはむしろ森林が荒廃する場合もあること、単独で森林を所有している者などは分割できるわけで、場合によっては持分が２分の１以下の者が分割するよりも細分化される可能性もあること、森林の伐採期や計画植林の完了時期などを考慮に入れずに持分が２分の１以下の者による分割請求のみ禁止することは必要な限度を超えた規制であることなどがあげられます。

この判決については、森林法186条による規制が前に述べた消極目的、積極目的のいずれに関わるものかという点にはよらず、あくまでも目的と手段との合理的関連性に着目して判断がなされたということが重要な特徴とされています。なお、これ以降に出された、たとえばインサイダー取引に対する規制に関する旧証券取引法164条1項の合憲性を認めた証券取引法判決（最大判平成14年2月13日民集56巻2号331頁）や、団地において一定の要件をみたした場合建物の取り壊しおよび一括建直しを行うことができるとする区分所有法70条1項を合憲とした建物区分所有法判決（最判平成21年4月23日裁判集民230号435頁）でも目的二分論は採られていません。

　(2)　**奈良県ため池条例事件**（最大判昭和38年6月26日刑集17巻5号521頁）　奈良県の「ため池の保全に関する条例」4条では、「ため池の堤とうに竹木若しくは農作物を植え、又は建築物その他の工作物を設置する行為」や「ため池の破損又は決かいの原因となる行為」を禁止し、罰則の対象としていました。そして、以前から農作物を植えていた住民がこの規定を根拠に禁止され、これに従わなかった者が起訴されたことが発端となった裁判です。最高裁判所は「財産権の行使を殆ど全面的に禁止されることになる」ことは認めながらも、それは災害防止という目的から、ため池の堤とうにおいて財産権を行使する者は公共の福祉のために耐え忍ばなければならない責務を負うとして、ため池の破壊につながる行為は「憲法、民法の保障する財産権の行使の埒外（範囲の外）」としました。さらに、自治体の**条例**により財産権を制限することができるのか、という点についても、地方公共団体の特殊な事情により法律で一律に規定することが困難な場合、条例で定めることが容易、適切なことがあるとして、これを認めています。

3　私有財産を公共のために用いるとは？

　29条3項は、「私有財産は、正当な補償の下に、これを公共のために用ひることができる」としています。「公共のため」に財産権の制限または収用することが可能であることを示しています。「公共のため」について、特定の公共事業（道路やダムの建設などがあげられます）のために、特定の財産を強制的に取得することを意味する公用収用や財産権に制限を加える公用制限の場合ととら

える見解（狭義説）もあれば、より広く社会の公共の利益に資するために財産権を制約する場合、直接的な受益者が私人でもよいという見解（広義説）もあります。この点について、最高裁判所は広義説をとっています（最判昭和29年1月22日民集8巻1号225頁）。

　私有財産を公共のために用いるとき、「**正当な補償**」が必要とされます。それでは、そのようなときに補償が必要になるのでしょうか。従来は、特別犠牲説という考えが通説でした。これは、私有財産の制限が特定の個人に対して特別の犠牲を強いるときには補償を必要とするという考えです。この「特別の犠牲」に該当するかどうかについては、財産権の規制の対象が一般人かそれとも特定の個人か、という形式的要件と、規制がそもそも財産権に内在するような社会的制約におさまるものか、それともそれ以上に財産権の本質を侵害するほど強いものか、という実質的要件をもとに判断すべきであるとされていました。しかし、最近は上に述べた実質的要件に着目して補償すべきか否かを考慮するという見解が有力になっています。これは、財産権を奪ったり、またはその財産権の本来の効用が働かなくしたりするときには、財産権を持つ者の側が受忍すべき理由がないかぎり補償を必要とするとしたうえで、その程度にはいたらないような規制については、財産権に内在する社会的な制約の場合（建築基準法に基づく、建築の制限はこれにあたります）は、補償は不要であり、他の特定の公益目的のために課せられる場合などは補償が必要と考える見方です。

　また、「正当な補償」とはいかなるものか、という点も問題になります。これについては、その財産の客観的な市場価格を全額補償すべきだという「完全補償説」と、侵害の目的や社会、経済的状況なども考えて合理的な額（この場合、市場価格を下回ることもあります）でよいとする「相当補償説」とが考えとしてあります。戦後の農地改革における農地買収に関わる裁判で、最高裁は相当補償説をとっていますが、これを一般化せず、完全補償説を原則にすべきだとの批判もあります。

おわりに

　経済的自由について、職業選択の自由と財産権との2つから簡単にみてみました。本講の冒頭でも述べたように、今回取り上げた権利は現代社会に生きる

私たちにとって欠くことのできない重要なものとなっています。ただし紹介した判例にもあるように、社会の調和的発展のために規制が設けられる場合もあります。その規制が合憲であるか否かについての判断基準として、合理性の基準などが取り上げられてきたことは前に述べたとおりです。また、重要なこととして精神的自由と経済的自由とでは同じ自由権であってもそれらを規制する立法の違憲性を問うにあたって異なる基準が用いられる、いわゆる「二重の基準」という考え方があるということについても理解していただきたいと思います。

　財産権については、制限の合憲性とともに29条３項に関わる「正当な補償」の問題も重要です。これに関係する判例を探してみて、その意味するところを理解していただきたいと思います。

　ご清聴ありがとうございました。

質疑応答の時間

受講者：29条２項によって財産権が制限される場合、これに対して同条３項にもとづく補償は必要なのでしょうか。

三猪：これは、学説でも意見が分かれている問題です。財産権の内容を公共の福祉に沿うように定めるとき、「２項・３項分離説」と呼ばれる考え方によれば、３項に基づく補償は必要ないとする結論になります。これに対して１項において財産権を保障している以上、２項に基づく一般的な制限であったとしても、３項に基づいて補償される場合もあるという考えもあります。これを「２項・３項結合説」とも呼んでいます。ただ、一般人を対象にした制限か、それとも特定の人を対象にしたものかについて焦点を当てる、形式的要件を考慮に入れないのであれば、結局制限の程度などによって補償が必要かどうかが決まるので、２項に定めがある一般的なものかどうかは関係なくなり、実質的要件をみたす限り補償が認められるのに対して、２項に基づく制限は財産権を奪ったり、本来の効用を妨げたりすることなどになってはならないとするならば、前に述べた「特別の犠牲」に基づく考えによっては補償が不要となることから、先に述べた２つの説には実質的な違いはないとする見方もあります。

受講者：そもそも、よく聞く「損害賠償」と「損失補償」ってよく似た言葉ですね。

三猪：そうですね。29条３項にいう「補償」は国による適法な行為に基づいて、財産権が制限されたり、あるいは収用されたりした場合に「補い」、「うめあわせをする」ことを意味します。これに対し、憲法17条で定めているのは、公務員の不法行為により損害を受けたとき、「賠償」を請求することができる、というものです。こちらは国家賠償法にもとづいて請求することになりますね。

　さて、たとえば予防接種によって健康被害が発生したときは、「国家賠償」を請求することになるでしょうか、それとも「損失補償」でしょうか。予防接種が法律に基づいて適法に行われたならば、「国家賠償」を請求するために必要な「違法性」に欠けるかもしれません。では、損失補償の対象として、財産権ではなく、人の生命や健康は適当なものになるでしょうか。これについては、否定的な見方もありますが、財産よりも大切な生命や健康ももちろん対象となるという見方もあります。判例では予防接種実施者の過失の認定を容易にすることで国家賠償法に基づく救済を認めていますが、むしろ損失補償による救済の方が妥当であるという見解の方が理解しやすいように思います。

第14講　「健康で文化的な最低限度の生活」について考える！

はじめに

本日の講座を担当する犬田です。

本日のテーマは、いわゆる**社会権**です。これは、国民が国家に対し、生活のために必要な条件を整えるよう求める権利といえます。社会権には**生存権**のほか、**教育を受ける権利**、**労働の権利**、**環境権**などが含まれます。

戦前に世界各国で企業の間の自由な競争が行きすぎてしまい、劣悪な労働環境や経済的格差などが問題になりました。1919年に制定されたドイツの**ワイマール憲法**は、社会権の規定を詳しく書き込んだことで知られています。戦後になって世界の多くの国々が社会権を憲法で保障し、国に対して積極的な環境整備を義務づけるようになりました。日本では戦前の大日本帝国憲法ではこうした権利を保障していませんでした。ところが日本国憲法では25条以下に社会権の規定が置かれることになりました。

I　憲法は「生きる権利」を保障するのか？

1　総説

25条1項は「健康で文化的な最低限度の生活を営む権利」を保障しています。この権利は生存権と呼ばれ、社会権の中核にある権利です。2項は国に対して、社会福祉・社会保障・公衆衛生を向上、増進させる努力義務を課しています。25条の権利を具体化するために、現在日本には多くの法律が設けられています。これらの法律は主に、①ふだん国民から強制的にお金を徴収しておき、不幸にも災厄を受けた人びとに金銭の支払などをする「社会保険」のタイプ（国民年金法・雇用保険法など）と、②あらかじめ定められた一定の困窮状態にある人びとに対して金銭の支払などを行う「公的扶助」のタイプ（生活保護法・児童手当法など）、③国民の良好な生活を守るため、感染症予防や食品の衛

生管理などの社会環境の改善を図るタイプ（食品安全法・予防接種法など）に分かれます。日本には社会保障の制度が確立していて、多様なセーフティー・ネットが張られるとともに、国と自治体が良好な社会環境の整備に努めているといえます。

2　25条1項と2項の関係

ところで、25条1項と2項の関係について議論があります。後で紹介する堀木訴訟控訴審判決（大阪高判昭和50年11月10日行集26巻10・11号1268頁）は、2項は国民が貧困状態にならないよう努力する義務を、1項はその努力にもかかわらず貧困に陥った国民を救う義務を国に対して課すものだと解釈しました。これに対して多くの学説は、このように1・2項を分離すると、1項の「健康で文化的な最低限度の生活を営む権利」だけ保障して、後は国が努力するだけでおしまいとなってしまうと批判します。そこで、学説は1項が国民の権利を保障し、2項がそれに対応して国の義務を定めているというように、1・2項をセットでとらえるのです。

3　生存権の法的性格

25条1項は生存権という「権利」を保障しています。この権利ということの意味をめぐって学説の争いがあります。まずこれを法的な縛りのない政治的、道義的な「責務」とみる説と、法的な縛りを伴う「権利」と考える説の対立があります。前者をプログラム規定説と呼びます。かつての学説にはこれを支持するものもありました。しかし、25条1項には「権利」とはっきり書いているし、「生きる権利」としての生存権を単なる努力目標に矮小化するのは不適切なので、現在は支持されていません。後者の説はさらに2つに分かれます。通説である第1の説は、25条1項が「権利」を保障するといっても、それは抽象的で漠然としたものを定めるのみなので、裁判で実際に使えるようにするには法令で内容を具体的に定める必要があると考えます（抽象的権利説）。これに対して第2の説は、第1の説に立つと国会が怠けて法律を制定しない場合に困ると考えます。そこで、国会が法律をつくらないときには特別な形式の訴訟で憲法違反を確認できるようにすべきだと説きます（具体的権利説）。

すでにみたように、日本には生活保護法をはじめ最低限度の生活を保障する法令は設けられているし、国会が怠けて法律をつくらないという理由で国の賠償責任を認めた最高裁判決（平成17年9月14日民集59巻7号2087頁〔在外邦人選挙権訴訟〕）もあり、具体的権利説がいうような特別な訴訟を設ける必要性が乏しくなっています。そのため、抽象的権利説と具体的権利説の論争は実益があまりないといえます。なお、通説は抽象的権利説をとりますが、「最低限度の生活」の内容は裁判所がある程度客観的に判定できると考えています。そのため、不当に低い生活保護の支給額を定めることは違憲だといわれます。

4　判　例

最も有名な生存権の判例は**朝日訴訟**（最大判昭和42年5月24日民集21巻5号1043頁）です。この事件は入院療養中の朝日茂さんが、生活保護法による保護を受けていたところ、生活に使えるお金を月600円しか与えられなかったというものです。この訴訟が最高裁に至るまでに朝日さんが亡くなっていたため、最高裁は「訴訟終了」の判決を出しましたが、最高裁は「なお、念のため」として、25条1項の法的性格を説明しました。

最高裁は、「憲法25条1項は、……国民が健康で文化的な最低限度の生活を営み得るように国政を運営すべきことを国の責務として宣言したにとどまり、直接個々の国民に対して具体的権利を賦与したものではない」と述べ、プログラム規定説を匂わせました。ただ、最高裁は、「現実の生活条件を無視して著しく低い基準を設定する等憲法および生活保護法の趣旨・目的に反し、法律によつて与えられた裁量権の限界をこえた場合または裁量権を濫用した場合には、違法な行為として司法審査の対象となることをまぬかれない」ともいっているので、憲法25条1項の生存権は単なる国の政治的責務を述べたものではなく、法的な縛りを伴う権利であることを認めているようです。ただ、最高裁は著しく低い基準を設ける場合などにはじめて違法になるといっており、大臣の裁量（＝自由な判断の幅）をかなり広めに認めている点が批判されました。

堀木訴訟（最大判昭和57年7月7日民集36巻7号1235頁）も有名です。全盲の視力障害者である堀木フミ子さんが、障害福祉年金を受給していました。一方、堀木さんは夫と離婚した後、次男を1人で育てていました。そこで、堀木さん

は児童扶養手当法に基づいて児童扶養手当を申請したのですが、却下されてしまいます。児童扶養手当法には障害福祉年金と児童扶養手当の「併給」が認められていなかったのです。この事件でも最高裁は、25条を法律で具体化するにあたって、立法府の広い裁量を認め、「それが著しく合理性を欠き明らかに裁量の逸脱濫用と見ざるをえないような場合を除き、裁判所が審査判断するのに適しない」と判示しました。

　その後も最高裁は、25条1項の生存権を実現する法律に関して国会の裁量を広く認めています（最判平成元年2月7日訟月35巻6号1029頁〔総評サラリーマン税金訴訟〕、最判平成19年9月28日民集61巻6号2345頁〔学生無年金訴訟〕、最判平成24年2月28日民集66巻3号1240頁〔老齢加算廃止訴訟〕など）。

II　国民みんなが学ぶ機会を求めて

1　総　説

　26条は1項で国民の教育を受ける権利を、2項で国民が子どもに教育を受けさせる義務と義務教育無償の原則を定めています。教育を受ける権利は12講でも説明があります。

2　教育を受ける権利の性格

　1項の教育を受ける権利は大人にも保障されますが、やはり子どもの権利が議論の中心になってきました。心身ともに未熟な子どもが教育を受ける必要性は大きいですし、自分で学習の環境を整えることができない子どもには特に国などの助けが求められるからです。だから26条1項は子どもの「**学習権**」を保障するといわれるのです。

　かつて子どもの教育権は誰がもつのかが争いになりました。あくまで「国」が中心だという説と、親とその付託を受けた教師を中心とした「国民」が中心だという説が対立したのです。最高裁（最大判昭和51年5月21日刑集30巻5号615頁〔旭川学テ事件〕）は「いずれも極端かつ一方的であり、そのいずれをも全面的に採用することはできない」と述べています。そして、最高裁は子どもの学習権を中心に据えつつ、国・教師・親それぞれの役割と権限を明らかにしてい

ます。ちなみに憲法23条は学問の自由を保障しています。この事件の最高裁は、教師の教授の自由もこの条文によって限られた範囲で保障されると述べています。

3　学習指導要領の法的性格

これに関係するのが学習指導要領の性格です。学習指導要領とは、文部科学省によると「全国どこの学校で教育を受けても一定の教育水準を確保するために、各教科等の目標や内容などを文部科学省が定めているもので、教科書や学校での指導内容のもとになるもの」です。この学習指導要領は文部科学大臣が公示するもので、違反した場合の罰則が定められているわけではありません。そこで、指導要領に法的な縛りがあるのか、たとえば学習指導要領をまったく無視した教員に処分を下すことができるかが問題になります。指導要領に法的な縛りがないと考えると、極端な場合、教師がこれを無視して教える内容を自由に決められます。

伝習館高校事件（最判平成2年1月18日民集44巻1号1頁）の判決で、最高裁ははっきりと学習指導要領に法的な縛りがあると認めました。福岡県柳川市にある県立伝習館高校の教員3人が、教科書を使わずに我流の授業やテストをしたり、成績評価を一律にしたりしたことで、最終的に懲戒免職の処分を受けました。最高裁は高校の教育において一定のレベルを確保するために、教育の内容や方法に関して基準を定める必要があるので、教師に認められる裁量は制限されると説きました。本件の教員の行為は明らかに裁量を超えたものなので、処分はやむをえないというのです。

ただし、最高裁は別の判例（最判平成5年3月16日民集47巻5号3483頁〔第1次家永教科書検定訴訟〕）で、国の教育内容への介入はできるだけ抑制的であることが求められるともいっており、学習指導要領によって教育内容の細かいところまで決めることは許されないと考えられます。

4　義務教育の無償

26条の義務教育の無償は、文字通り義務教育（小学校6年＋中学校3年）の期間の教育を無償にすることを求めています。かつてこの規定は国の努力目標を

定めたものにすぎないと考える説（プログラム規定説）もありましたが、現在は法的な縛りを伴う規定と考えられています。なお、2010（平成22）年に高校の授業料を無償にする法律が実現しています。

Ⅲ　なぜ働く人びとは「団結」するのか？

1　総　説

27条と28条は労働者の権利に関わる条文です。27条は勤労の権利と義務、勤労条件に関する基準、児童の酷使の禁止について定めています。また、28条は労働者の団結権・団体交渉権・団体行動権という、いわゆる**労働基本権**を保障しています。

2　勤労の権利と義務

27条はなぜ勤労の権利を保障したのでしょうか。働いて生活のためのお金を稼ぐのは国民の義務ですが、経済の状況などによって思うように仕事先がみつからないこともあります。働く場所がないのを全部個人のせいにするわけにはいきません。そこで、27条は勤労を権利として規定し、国に労働環境を整える義務を負わせたと考えられます。実際に、国は職業安定法を制定してハローワークを設置したり、雇用保険法を制定して失業保険に給付を行ったりして、労働環境の安定に努めています。

この勤労の権利についても、かつては「権利」ではなく、国の責務を定めたものにすぎないという説（プログラム規定説）がありましたが、現在は法的な縛りを伴うものと理解されています。この点は生存権と同様に理解されているということです。また、多くの国民は私企業で働いているので、27条の勤労の権利の保障は〈国対私人〉の関係だけでなく、〈私人対私人〉の関係にも及ぶと解されます。解雇権の濫用を禁止している労働契約法16条は、この点を確認したものだといえます。

3　勤労条件法定主義・児童の酷使禁止

27条2項は、劣悪な労働条件での労働を強いられることのないように、法律

で最低基準を設けることを求めています。3項は同様の趣旨から、児童の酷使を禁じています。27条2項の規定を受けて、労働基準法・労働安全衛生法・最低賃金法などの法律が制定されています。

4　労働基本権

28条は労働基本権を保障しています。この権利は、**団結権・団体交渉権・団体行動権**の3つから成ります。労働者1人ひとりは力が弱く、特に大きな会社と対等な立場に立つのは困難です。しかし数多くの労働者が団結すれば、会社との交渉も可能になります。こうした観点から28条は労働基本権を保障したといえます。

労働基本権は社会権として、国に対して労働基本権の保障を確保する義務を負わせています。実際に労働組合法をはじめとした法律が制定されています。他方で、上記のような労働基本権の性格から、労働基本権は私人である使用者に対して主張できる権利でもあります。労働基本権は私人と私人の間に直接適用されると解されています。

労働基本権を個々にみていきましょう。まず団結権とは、勤労者が適正な労働条件を得るために労働組合を設ける権利です。労働組合とは労働者が労働条件の改善などを求めて組織する団体です。労働組合法2条に定めがあるので参照してください。諸外国では職業別、産業別に組合が組織されることが多いのですが、日本では企業ごとに組合がつくられている点に特徴があります。

ところで労働者に労働組合への加入を強制する「ユニオン・ショップ協定」は、団結権の裏面としての「団結しない権利」を侵害し、違憲となるでしょうか。通説は労働組合の組織を強固にする必要性などをあげて、違憲ではないと解しています。ユニオン・ショップ協定では労働組合が組織を維持し、目的実現に向けて活動を行ううえで、構成員にある行為を命じたり、禁じたりする権限（＝統制権）をもつと考えられています。ただ最高裁は統制権は無制約ではないと考えています。組合員に選挙への立候補を取りやめるよう命令し、従わない場合に処分したり（最大判昭和43年12月4日刑集22巻13号1425頁〔三井美唄炭鉱労組事件〕）、組合活動とは無関係な純粋に政治的な活動のための資金拠出を求めたりする（最判昭和50年11月28日民集29巻10号1698頁〔国労広島地本事件〕）こと

はできないとされているのです。

　団体交渉権とは、労働組合が勤労条件について使用者と交渉する権利です。交渉により労使が合意した場合には、労働協約が締結されるのが一般的です。労働組合法7条2号では、使用者が正当な理由もないのに交渉を拒否してはならないと定めています。

　団体行動権とは、上記の団体交渉がうまくいかないような場合に、同盟罷業（ストライキ）、怠業（サボタージュ）などの争議行為を行う権利です。特に関係する法律として労働関係調整法があります。正当な争議行為は刑法35条の「正当業務行為」とみなされ、刑罰を免れます（労働組合法1条2項）。正当な争議行為しか保障されないので、暴力を伴う争議行為は当然に違法です。また、最高裁によると、労働組合の目的とは直接関係のない政治目的のストライキ（政治スト）も保護を受けません（最大判昭和48年4月25日刑集27巻4号547頁〔全農林警職法事件〕など）。

5　公務員の労働基本権

　日本では公務員の労働基本権が厳しく制約されているため、その制約の合憲性が特に激しい議論を呼んできました。戦後まもなくの間は公務員の労働基本権に制限はなかったのですが、占領下の日本でGHQの意向を汲んで、国家・地方公務員の団体行動権が規制されるようになりました。それが現在まで続いているのです。

　現在の規制の概要は次頁の表のとおりです。国家公務員法や地方公務員法など様々な法律で規制が行われています。とりわけ特徴的なのは、公務員の種類にかかわらず団体行動権がすべて禁止されていること、①のカテゴリーの公務員には労働三権がすべて否定されていることです。①・②のカテゴリーの公務員にだけ刑事罰が科されていますが、争議行為をあおる等の行為をしたときだけ処罰されます。つまり争議行為に参加するだけなら刑事罰は科されないのです。とはいっても、単純参加者にも懲戒処分が科されることはあるので、安心して争議行為に参加することはできないでしょう。

　通説は公務員の労働基本権の制限は職務の性質などを考慮しつつ、必要最小限度にとどめなければならないと解しています。団体行動権の行使を一律に禁

【公務員の労働基本権に対する制約】

	団結権	団 体 交渉権	団 体 行動権	根拠法	刑事罰の有無
①警察職員、海上保安庁職員、刑事施設に勤務する職員、消防職員、自衛隊員	×	×	×	国公法98条2項、108条の2第5項、地公法52条5項・37条1項、自衛隊法64条	有（争議行為をあおる等した者のみ）
②非現業の国家公務員及び地方公務員	○	△（交渉は可能だが、労働協約締結権が与えられていない。）	×	国公法108条の2第3項・108条の5第2項・98条2項、地公法52条3項・55条2項・37条1項	有（争議行為をあおる等した者のみ）
③現業職員	○	○	×	行政執行法人の労働関係に関する法律4条1項・8条・17条1項、地方公営企業等労働関係法5条・7条・11条	無

止するのは行きすぎだと批判するのです。

　最高裁は、当初は抽象的な「公共の福祉」という考えにより公務員の労働基本権を制限できると述べていたのですが（最大判昭和28年4月8日刑集7巻4号775頁〔政令201号事件〕）、その後の**全逓東京中郵事件**（最大判昭和41年10月2日刑集26巻8号901頁）では「職務の性質上、国民全体の利益の保障という見地からの制約を当然の内在的制約として内包するにとどまる」という、通説と同旨の考えをとるようになりました。この事件では、争議行為をそそのかしたとして起訴された公務員に刑罰を科すことができるかが問題となりました。最高裁は上の③のカテゴリーの公務員の労働基本権を制限する法律を狭く解釈し、刑罰を科すことができるのは、必要やむをえない場合に限るなどと判示しました。

　その後の都教組事件（最大判昭和44年4月2日刑集23巻5号305頁）では、同様の観点から地方公務員（②のカテゴリー）の労働基本権を制限している法律を狭く解釈し、処罰の対象になる行為を限定しました。②のカテゴリーの公務員については、争議行為をあおるなどした者に刑罰が科されるのですが、「争議行為」と「あおり」の両方とも違法性の強いものに限定し、いわば違法性の強い

争議行為を悪質にあおる行為に限って処罰できるという解釈を示しました（いわゆる「二重のしぼり」）。全司法仙台事件判決（最大判昭和44年4月2日刑集23巻5号685頁）では、同じく②のカテゴリーに属する国家公務員に関しても同じ趣旨が確認されました。

　以上の判例では最高裁が公務員の労働基本権に理解を示し、できるだけ違法となる範囲を狭く絞りこもうと努力したといえます。ところが、全農林警職法事件（前掲）で、最高裁は態度を転換し、公務員の労働基本権に対して強硬な姿勢を示しました。この事件では、主に農林水産省の職員（②のカテゴリーに属する国家公務員）が加入する全農林労働組合の幹部が、組合員に対して争議行為をそそのかしたとして起訴されました。最高裁は公務員の地位が特殊で、公務員の職務は公共性が高いということ、公務員の争議行為によって国民全体の共同利益に重大な影響が及ぶことを強調し、上記の判例のような違法となる範囲を限定する努力をしなかったのです。

　最高裁は、(i)公務員の勤務条件は国会の制定した法律・予算によって定められるから政府に対して争議行為をするのは的外れだ、(ii)公務員の争議行為には市場抑制力がない（民間企業の労働者は使用者に過大な要求をしたら、企業の存立が危うくなって自分自身に不利益が返ってくるが、公務員の場合はそのような危険がない）、(iii)人事院勧告等の代償措置が講ぜられているなどの理由をあげて、争議行為の一律禁止と、争議行為をあおるなどする行為に刑事罰を科すことは合憲だと判示しました。

　この判例の趣旨は、②のカテゴリーに属する地方公務員に関する岩手教組学テ事件（最大判昭和51年5月21日刑集30巻5号1178頁）、③のカテゴリーの公務員に関する全逓名古屋中郵事件（最大判昭和52年5月4日刑集31巻3号182頁）で確認され、今に至ります。

　これらの最高裁判決はいまや結構古いものですが、現在も生きた判例として残っています。労働基本権の制限は必要最小限度にすべきとする通説からは、すべての公務員の争議権を禁止することを合憲とする判例の態度は適切でないと批判されています。

おわりに

　以上社会権について解説をしました。社会権に関しては、裁判所が国会や政府にかなり広範な裁量を認めていること、公務員の争議権の制限が依然厳しすぎることなど、多くの課題が残っていることが分かりますね。

　ご清聴ありがとうございました。

┌─ 質疑応答の時間 ─

受講者：最近のニュースで生活保護の支給額が切り下げられていると聞きます。25条の生存権を守るためにこのような動きに歯止めをかけられないでしょうか。

犬田（いぬた）：通説は抽象的権利説を唱えますが、「最低限度の生活」の基準はある程度客観的に確定できると考えられています。それを下回る額にするのは憲法違反でしょう。それに加えて一部の学説は、正当な理由もなく支給額切り下げなどの制度改悪を行うことは憲法上許されないといいます。このような制度改悪を禁止する原則は、ドイツでは「制度後退禁止原則」と呼ばれているようです。ただ、最高裁は現在のところこの原則を採用していないと考えられています（前掲老齢加算廃止訴訟など）。

受講者：義務教育の無償についてですが、これは授業料の無償にとどまるのでしょうか。それとも上履きや修学旅行費用も無償にしないといけないのでしょうか。

犬田：最高裁（最大判昭和39年2月26日民集18巻2号343頁）と通説は授業料の無償という意味で解釈していますが、修学のための一切の費用が無償であるとする解釈も有力に唱えられています。なお、1963（昭和38）年以降は法律により教科書が無償になっています。

受講者：最近よくベーシック・インカムというのが議論されているのをみかけます。国民に一律に数万円渡せば、社会保障の複雑な制度も不要になり、効率もよいと思います。でも憲法には勤労の義務が規定されているので、これと矛盾する気もします。

犬田：確かに27条は国民に対して勤労の義務を課しています。もちろんこの規定は、働かない人に対して刑罰を科すものではありませんが、ベーシック・インカムの制度は働かない権利を認める性格をもち、27条の勤労の義務に反するという意見もあります。他方で27条の「義務」をそれほど厳格なものと理解する

必要はないという解釈もありうるでしょう。

受講者：全農林警職法事件で、「人事院勧告等の代償措置が講ぜられている」というのが公務員の争議権制限の理由にあげられています。これはどういう意味でしょうか。

犬田：公務員の給与や人事については人事院が中立的な立場で決定を行うものとされていて、特に給与については人事院が公表する人事院勧告に原則として準拠するものとされているのです。全農林警職法事件では、人事院勧告が代償措置として存在するから争議行為を制限してもよいとされたので、人事院勧告を政府が無視した場合など、代償措置が機能していないときには争議行為の制限は憲法違反になる可能性があるといえます（最判平成12年3月17日集民197巻465頁参照）。

第15講　憲法は刑事手続についてどう定めている？

はじめに

　私は行熊です。アメリカ法を専門にしています。本日は憲法の31条から40条までを説明します。憲法第三章「国民の権利及び義務」は10条から40条まであります。刑事手続に関する条文だけで10条も用意されているのは驚く方もいるかもしれません。

I　奴隷、予知能力、そして自然災害

　奴隷のように人の身柄を拘束することは、本人の同意があったとしても認められません。どうしてこの当たり前のことを18条は規定しているのでしょうか。

　戦前には、人々を一か所に集めて監視して監禁状態に置き、労働させる「監獄部屋」というものが存在しました。現在はこのような環境に人を置くことは許されません。それでは、条文をみてみましょう。

　「苦役」とは、通常人を基準にして普通以上に苦痛に感じる任務をいいます。懲役刑の受刑者は一定の労働をしています。これは、「犯罪による処罰の場合」という、例外として認められます。

　ちなみに徴兵制度は第2講で学んだとおり9条が存在しますので、18条に違反するという見解があります。留学生から聞いたのですが、徴兵制度がある国では兵役義務は「苦役」に該当しないのかもしれませんね。

　高齢化社会が進むと、洪水などの自然災害が発生した場合に、老人ホームやケアセンターが孤立してしまうことがあります。消防が救出に行けない場合、現場にいる人たちには危険の防止や、救助活動の義務が課せられます（災害救助法7・8条）。これも「苦役」に該当しないとされています。

　ところで、以前に超能力者が犯罪を予知して、犯罪を実行する直前に警察が先回りして逮捕するという映画を見たことがありますが、これは現行法では許

されるでしょうか。これについては、刑罰は過去に犯した罪に対する制裁ですから、罪を犯す前に、その人が「やべぇ」奴だからという理由で予防的な処分（保安処分）をすることはできないと考えられています。

Ⅱ　適正手続の保障

　次に31条をみてみましょう。**適正手続**について定められた規定とされていますが、文言は「法律の定める手続」としか書いてありません。しかし、この規定は実体と手続が法定され、その内容が適正でなければならないことを意味します。

　まず、自分の身体が拘束されるというのは強い制約ですから、拘束する相手に告知と聴聞の機会を与え（告知聴聞手続）、拘束される犯「罪」と刑「罰」が、議会の制定する「法」で定められなければなりません（**罪刑法定主義**）。

　そして、自分の実行している行為が曖昧な言葉で表現されていたら、自分の行為がたとえ適法な行為であっても責任を負うかもしれないと考えてしまうかもしれません。刑罰を伴うような文言はとりわけ明確でなければならず、類推して解釈することはできません（類推解釈の禁止・構成要件明確性の原則）。また、犯罪と刑罰のバランスも必要ですね（罪刑均衡の原則）。

　ところで、市役所の窓口業務、脱税に関する調査といった行政手続と適正手続について見ていきましょう。

　31条の規定は、一見すると刑罰についての規定なので、犯罪に巻き込まれない限り、私たちの日常とは無関係な規定かもしれません。しかし、現在、私たちの生活は行政と共にあります。行政は法律に従って私たちの生活を守り、サービスを提供してほしいものです。このような行政活動にも適正手続は要請されるのでしょうか。

　もちろん犯人を捕まえて起訴する、といった刑事手続と行政の手続をまったく同じものとして扱うことはできないでしょう。「行政」といっても行政活動は転居届、保育所の認可や税務調査と多種多様です。

　ひとつの考え方は、31条を行政の性質に応じて修正して準用あるいは類推適用しようというものです。もうひとつは31条の文言をみてもこれは刑事手続に

限定されているのだから、行政手続には13条を用いようという考え方です。

判例をみながら検討したほうがよいでしょう。**成田新法事件**（最大判平成4年7月1日民集46巻5号437頁）では、「31条による保障が及ぶと解すべき場合であっても、一般に、行政手続は、刑事手続とその性質においておのずから差異があり、また、行政目的に応じて多種多様であるから、行政処分の相手方に事前の告知、弁解、防御の機会を与えるかどうかは、行政処分により制限を受ける権利利益の内容、性質、制限の程度、行政処分により達成しようとする公益の内容、程度、緊急性等を総合較量して決定されるべき」であり、必ずしもそのような機会を与えることを必要としないと判断しました。

Ⅲ　身体の拘束に対する保障

身体を拘束するというのは苦痛を伴う自由の制約です。33、34条は身体の拘束について、「逮捕」、「抑留」、「拘禁」の3つの用語を用いています。まず「逮捕」したうえで、次に、その拘束時間に応じて抑留または拘禁に分類されます。

刑事ドラマで皆さんがご覧になったことがあるように逮捕には裁判所の令状が必要です（**令状主義**）。憲法の条文をみると「司法官憲」とありますが、これは裁判官のことです。

皆さんの中には、逮捕する前にわざわざ令状を用意している間に被疑者は逃げないのかな、と考える人もいるかもしれません。

現行犯逮捕以外に緊急逮捕（刑訴法210条）というのもあります。緊急逮捕は、まず令状なしで逮捕して、あとから裁判所に逮捕状を請求するものです。合憲か違憲か争いがあります。合憲という説明は、全体としてみて令状逮捕に含める、現行犯逮捕に含める、または令状主義の合理的な制約と説明します。もちろん違憲だという学説もあります。

法律を学んでから刑事ドラマを観ると何かしら変だな、おかしいなと気がつくこともでてくるかもしれません。たとえば「別件で引っぱってこい」という刑事さんのセリフです（別件逮捕・勾留）。本件（本来、警察が捜査したい事件）では逮捕状を請求することができないので、証拠のそろっている軽微な犯罪（別

件）で令状を請求して逮捕するというものです。ただ、現実には本件と別件の区別は難しく、あとになってから別件逮捕と評価されることも多いのかもしれません。

　34条は、拘禁されている人がその理由を告知され、弁護人を依頼し、その正当性を公開法廷で示すように要求できる権利を定めています。拘禁を正当化させようとするためには罪名、拘禁する理由、具体的な事実としての犯罪の嫌疑が必要ですね。

　先ほど行政活動に31条が準用されるのか、について説明しましたが、行政活動が多様だ、といってもちょっと想像がわきにくいかもしれません。例をあげながら説明していきます。

　行政活動にはまず法律の根拠が何よりも必要です。ですから、たとえば警察官が泥酔者を一時的に保護する行為は警察官職務執行法（警職法３条）に規定されています。

　ここで考えるコツは、多種多様な行政活動の中には刑事手続に近いものもあり、たとえば身体拘束について裁判官のように中立的な立場にいる人が判断しているか、ということです。

　たとえば精神保健及び精神障害者福祉に関する法律（29条・29条の２）は措置入院を用意しています。措置入院の対象は、入院させなければ「自身を傷つけ又は他人に害を及ぼす」おそれがある精神障碍者で、精神保健指定医の診断をふまえて都道府県の知事が判断します。

　また、麻薬及び向精神薬取締法58条の８が定める強制入院では医師、麻薬取締官、検察官や矯正施設の長は知事に通報する義務を負い、精神保健指定医の診察をみて「診察の結果、当該受診者が麻薬中毒者であり、かつ、その者の症状、性行及び環境に照らしてその者を入院させなければその麻薬中毒のために麻薬、大麻又はあへんの施用を繰り返すおそれが著しい」場合に、知事が入院措置を決定します。

　出入国管理及び難民認定法上の強制収容では、入国警備官が入国審査官に請求する 収容令書というものがあります。身体拘束が緊急を有する場合は、事後に収容令書を請求します。収容令書には、「容疑者の氏名、居住地及び国籍、容疑事実の要旨、収容すべき場所、有効期間、発付年月日その他法務省令

で定める事項」が記載されます（入国管理法40条）。もっとも、裁判官と比べると入国審査官の中の主任審査官が中立的な判断権者といえるか、疑問視する意見もあります。

　また、昨今の国際化で動物由来の感染症に対する対策も重要視されています。感染症の予防及び感染症の患者に対する医療に関する法律（6・18・19条他）はエボラ出血熱、結核といった感染力の高い伝染病にかかった人の身柄を拘束する手続をおいています。知事は、感染しているけれども症状がない場合の就業制限、また入院を勧告することができます。

Ⅳ　証拠の収集・黙秘権・自白・交通事故について

　次に35条を見てみましょう。

　捜査機関は真実の発見に強い情熱を持っています。しかし気持ちが強すぎて違法となりそうな捜査に対して令状主義が歯止めになります。令状には捜索、押収する場所、押収する物を明示しなければなりません。同一の管理・支配下にあれば認められますが、一般的で包括的な令状では許されません。そして、令状の発行や方法を被疑者は争うことができます。

　逮捕に伴う捜索、押収も認められています。令状には逮捕令状、捜索令状のように個別の令状が存在しています。現行犯で身柄を拘束して、そのまま身体を捜索することは逮捕令状と捜索令状の2つの令状が存在していないということを意味します。その場合は、身体拘束に捜索の開始が時間的に、また場所的に接着していることが必要となるでしょう（最大判昭和36年6月7日刑集15巻6号915頁）。「接着」というのはどれくらいの時間的間隔といえるか、慎重な判断が必要ですね。

　捜索・押収が人の身体を対象としている場合、その限界を見極める必要があります。身体の捜索といっても着衣の上から、ポケットの中まで、裸にする、レントゲンを実施するなど個別に判例で示されています。

　たとえば、被疑者が体内に異物を飲み込んだ場合に、下剤や吐剤で押収したり、強制的に尿を採取したりするのは憲法上の人格権から見て問題もありそうです（最決昭和55年10月23日刑集34巻5号300頁）。

　証拠の収集についても、憲法は厳しい制約を課しています。被疑者を取り調べ室で殴ったり、精神的なストレスをかけたり違法な捜査で収集された証拠は、法廷で証拠能力（証拠としての資格）を否定するのが違法な捜査を抑制するのに一番良い手段なのかもしれません（違法収集証拠排除法則）。

　ところで警察官は捜査だけでなく、犯罪を予防するためパトロールをしていますよね。まだ犯罪は発生していませんから35条は適用されません。あなたは、自転車に乗っていて警察官に呼び止められたことはありませんか。

　警察官職務執行法２条１項の職務質問や警察法２条１項の一般的な犯罪の予防を根拠にして、まだ犯罪を起こしていない怪しげな人（不審者）の所持品を検査することはできるでしょうか。警察法は「警察という組織」に関する法ですから、所持品検査の根拠にするのは少し難しいかもしれません。警察官職務執行法２条１項の職務質問に付随する程度であれば所持品検査は許されるかもしれません。衣服やカバンを外から触れて、もし凶器の感触があれば、ポケットやカバンの中を調べることができるでしょう。現場にいる警察官にはその具体的な状況の判断と対応が求められます。比例原則で判断するという考えもあります。ここでいう比例原則というのは、小さな害悪には弱い規制手段で、害悪が大きくなれば強い規制手段で対応するという意味です。

　挙動不審者に対する職務質問は、あくまで任意ですので、立ち去ることは自由といえるかもしれません。しかし、最高裁は、立ち去ろうとする相手方を制止し、あるいは相手方の承諾なしに所持品検査を実施するなど一定の実力行使を認めています（最判昭和53年６月20日刑集32巻４号670頁）。

1　行政調査と刑事手続の相違

　この35条の規定は行政調査にも及ぶでしょうか。刑事手続で警察官が職務質問で被疑者の情報を収集するように、**行政調査**は行政目的を達成するための情報収集のために行われます。行政調査の中でも強制に至る場合には、調査を妨害する行為に対して罰則を科すといった手法を認めています。もちろん法律の根拠が必要です。

　廃棄物の処理及び清掃に関する法律19条や食品衛生法28条は調査権限を認めています。さらに大気汚染防止法26条の報告及び検査、消防法４条の立ち入り

検査を用意しています。検査を行い、法律違反がみつかれば是正命令が出されます。その是正命令は裁判で争うことができます。

　多様な行政活動のうち捜索や押収といった刑事手続に類似していたり、行政調査を口実にして犯罪捜査をしたりしようとする場合は、刑事手続に関する35条を準用するかを見極める必要があります。行政調査の対象となった市民は「どうして自分が？」と不安や脅威を感じるかもしれません。**川崎民商事件**では、川崎税務署が食肉販売業を営む民主商工会会員のＸに対して、確定申告に過少評価の疑いがあるとして、税務調査を行い、売上帳や仕入帳の呈示を求めました。しかしＸは税務署職員の質問検査を拒んだため、Ｘは旧所得税法70条10号に違反するとして、起訴されました。最高裁は、税務調査としての質問や検査については、「当該手続が刑事責任追及を目的とするものでないとの理由のみで、その手続における一切の強制が、憲法35条１項による保障の枠外にあることにはならない」としています（最大判昭和47年11月22日刑集26巻９号554頁）。

　出入国管理及び難民認定法31条の不法入国者に対する臨検（りんけん）・捜索・押収は、どうでしょうか。もし不法入国であれば強制退去となります。極めて刑事手続に近いので、これについては35条が要請されるでしょう。

　次に自白について検討しましょう。

　古くから自白は「証拠の王」とされ、日本の捜査機関は自白を強要していると批判されることがあります。なので、38条では自己に不利益な供述を強要されない「自己負罪拒否特権」、いわゆる「**黙秘権**」がきちんと規定されていますね。この規定はアメリカ法に由来するといわれており、本人の刑事責任に関する不利益な供述、すなわち有罪判決の基礎となる事実、量刑上不利益となる事実等の供述を拒否できる権利として定められているのです。

　新しい技術は捜査の手法を大きく変えています。うそ発見器（ポリグラフ検査）は、黙秘権の侵害なのか争いがあるようです。また、最近のドラマで、取り調べを録音・録画しているのを観たことがある方もいるかもしれません（取り調べの可視化）。これまで取り調べによる自白の獲得が問題視されていましたが、一部を改正した刑事訴訟法が2019年に施行され、裁判員裁判の対象事件や検察独自捜査事件といった一定の事件は取り調べの録音・録画が義務づけられ

ました。可視化の目的は自白偏重を防ぎ、取調べの適正化を図ることです（刑訴301条の２）。他方で、録画の前にリハーサルをしたり、編集をしたりするおそれはないか疑問もあります。カメラの前だと緊張する被疑者もいるかもしれません。

　なお、憲法は被疑者に自白を強要して無理に有罪にできないように証拠能力と証明力（証拠としての力）を制限し、**補強証拠**を要求しています。

　行政手続でも黙秘権が問題になる場合もあるでしょう。すべての行政手続に黙秘権が保障されるわけではありません。税務署の職員は脱税の調査のために一定の納税義務者に質問する権限を有しています。もし質問に回答しない場合、相手方は処罰されます。

　最高裁は38条を「刑事責任追及のための資料の取得収集に直接結びつく作用を一般的に有する」かで判断しています。そして旧所得法上の質問調査は、自己に不利益な供述を強要していないと述べています（上記川崎民商事件）。ただ、これでは38条の保障はほぼ及ばないことになるという意見もあります。ちなみにこの旧所得税法の税務調査の改正を発端に国税通則法が改正され、従来、運用されてきた事前通知や書類提出、調査終了の手続などが法定されました。

　また、道路交通法（道交法79条）では、事故を起こした場合に運転者は警察に届けなければなりません。しかし、「私が人をはねました」と報告する義務を負わせてしまっては黙秘権の保障に反するかもしれません。最高裁は、交通事故を起こした運転者は「刑事責任を問われる虞のある事故の原因その他の事項」以外のことは報告する義務があると理解するようです（最大判昭和37年5月2日刑集16巻5号495頁）。もっとも、車で轢いた人を誰にも報告もしないまま置き去りにはできませんね。

2　証人審問権と証人喚問権——真実はひとつ？

　本日お越しの方の中で、実際の裁判を傍聴に行かれたことのある方はいらっしゃいますか？　行かれた方はお分かりかと思いますが、ドラマと違い淡々と裁判が進むことに驚かれたのではないかと思います。

　ドラマでみる「異議あり」の意味をここで学んでおきましょう。裁判は人権

を保障しつつ真実を発見するところです（刑訴１条）。37条は、裁判の公正を実現するために証人が述べたことがはたして本当のことなのかを吟味するために、法廷で反対尋問する権利を規定しています（手続的正義の実現）。法廷に登場する証人は、当事者が呼ぶ場合と相手方が呼ぶ場合がありますね。まず、その証人を呼んだ人が質問し（主尋問）、次に相手の当事者がその供述の信用性を争うために質問します。これを反対尋問といいます。手続的正義を実現するためには37条２項の「すべての証人」は公判廷に提出されるすべての供述証拠の供述者を意味すると理解したほうがよいでしょう。法廷の外での供述（「公判期日における供述に代わる書面」「法廷外における他の者の供述」）は、その真偽を法廷内での反対尋問を通じて確かめることができませんので、その証拠能力は認められないという伝聞証拠禁止の原則（刑訴320条１項）は憲法37条２項の証人審問権の要請と考えるべきでしょう。

　反対尋問は被告人が証人の顔や挙動といった様子をみながら尋問します。ただし被告人の前で証人が証言することに心理的な抵抗を感じる性犯罪のような一定の証人は、ビデオリンクで法廷と法廷内の別室をつないで証人尋問することもできます。これについて最高裁は、証人の供述を被告は聞くことはできるし、自ら尋問できるので、ビデオリンクは被告人の証人審問権は侵害されていないとしています（最判平成17年４月14日刑集59巻３号259頁）。なお、2016年の刑事訴訟法改正でビデオリンクは法廷と同一構内以外の場所でも可能になりました（刑訴157の６(2)）。

3　拷問器具そして死刑は残虐な刑罰か

　今日出席のみなさんには、ある大学の地下にある博物館をぜひ見学していただきたいと思います。江戸時代の打ち首やヨーロッパの拷問器具が展示されています。わが国では最高裁は「一人の生命は全地球より重い」としながらも死刑は合憲であると判断しています（最大判昭和23年３月12日刑集２巻３号191頁）。市民的及び政治的権利に関する国際規約の第二選択議定書は死刑の廃止を推奨し、死刑を存置している国は少なくなりつつあるのですが、わが国は批准していません。

V　公平な裁判所の迅速な公開裁判

　37条の公平とは、検察官の利益に偏らない公平な裁判を意味します。わが国では裁判員裁判が存在しています。プロの裁判官3人と一般市民の裁判員6人が評議の上、事実認定、量刑（刑罰の程度を決めること）を判断します。陪審との違いは量刑までも裁判員が担当する点です。37条は一般市民の担当する裁判「員」でなく、司法試験に合格したプロの裁判官の裁判を要請しているのでしょうか。最高裁は、刑事裁判に裁判「員」が参加しても公平性は害されない、としています（最大判平成23年11月16日刑集65巻8号1285頁）。

　「迅速な裁判」は、起訴前の過程も含みます。戦後の有名な集団暴力事件で起訴された事件は、結審するまでに15年間、検察官の立証の段階のまま放置されました。最高裁は、迅速な裁判の要請に反するほどに裁判が遅延した場合は免訴判決で審理を打ち切るという基準を示しました（最大判昭和47年12月20日刑集65巻8号1285頁〔高田事件〕）。最高裁は「憲法37条1項の保障する迅速な裁判をうける権利は、憲法の保障する基本的な人権の一つであり、右条項は、単に迅速な裁判を一般的に保障するために必要な立法上および司法行政上の措置をとるべきことを要請するにとどまらず、さらに個々の刑事事件について、現実に右の保障に明らかに反し、審理の著しい遅延の結果、迅速な裁判をうける被告人の権利が害せられたと認められる異常な事態が生じた場合には、これに対処すべき具体的規定がなくても、もはや当該被告人に対する手続の続行を許さず、その審理を打ち切るという非常救済手段がとられるべき」としました。なおこの基準に被告人が、迅速な審理を積極的に求めたことを要件にする点（最判昭和50年8月6日刑集29巻7号393頁）には批判もあります。

　次に裁判の公開を考えてみましょう。

　「公開」ということばは37条と82条に存在しています。裁判が公開され、国民が監視することで公平性を確保しようという趣旨です。37条の公開は31条以下が刑事手続に関する規定ですから、**対審**（裁判官の面前で検察官と被告人が意見を述べあい証拠を調べる場面）と**判決**に限定されます。

　裁判は、ドラマでいうところの刑事裁判だけではなく婚姻や離婚に関する事

案も扱っています。家族や結婚に関する事件も公開して国民の監視におくのでしょうか。裁判は非訟事件（ひしょうじけん）と訴訟事件に分類されます。訴訟事件では82条で公開・対審・判決が要求されますし、事実を確定し、当事者の主張する権利義務の存否（有るか無いか）を争います（純然たる訴訟事件）。

　他方で、非訟事件とは通常の訴訟手続を用いず、簡単な手続で裁判所が一定の法律関係を形成する性質の事件をいいます。たとえば、婚姻の分担義務の有無や離婚そのものを争う場合は「訴訟手続」ですが、離婚が決まった後に子どもの親権をどちらが有するか、婚姻費用をどちらがどれだけ分担するかに関する場合は「非訟手続」になります。

　最高裁は、32条の「裁判」と82条の「公開の原則の下における対審及び判決によるべき裁判」は同じ意味だと考えます（最大決昭和40年6月30日民集19巻4号1089頁）。一方、32条の裁判（裁判を受ける権利）は82条の裁判（裁判の公開）より広いはずだ、という考え方もあります。

1　弁護人を依頼しよう

　37条3項は、弁護人依頼権と国選弁護人に対する権利の2つを保障しています。刑事手続上、被疑者と被告人は異なります。しかし、国選の弁護人を依頼する権利が被疑者の段階でも保障されているかについては争いがあります。かつて刑事訴訟法は国選弁護人を被告人にだけ保障してきましたが、2016（平成28）年に改正され、勾留状が発せられている被疑者すべてに拡充しました（刑訴37条の2）。

　刑事手続は訴訟を検察官と被告人の当事者に委ねています（当事者主義）。刑事手続において被疑者・被告人の多くは身柄を拘束されています。弁護人は「立会人なくして接見し、又は書類若しくは物の授受をすること」ができます（接見交通権）。しかし、捜査機関は「捜査のため必要があるとき」に「日時、場所及び時間を指定する」ことができます（刑訴39条）。とはいえ、弁護人が接見する権利を許可制度のように扱うことは違法だと解されています（最判平成3年5月10日民集45巻5号919頁）。

2　刑罰法規の不遡及と二重の危険の禁止

次に39条をみてみましょう。前半と後半に分かれます。前半の「何人も、実行の時に適法であつた行為又は既に無罪とされた行為については、刑事上の責任を問はれない」と定められている部分は、**遡及処罰（事後法）の禁止**といいます。実行時に違法でなかった行為について後からその行為を違法とする法律を制定したり、または法改正したりしたとしても、行為時の刑事責任は問われないということを意味します。

39条前段と後段の２つの「刑事上の責任を問はれない」について、この部分は**二重処罰の禁止**なのか**一事不再理の禁止**なのか、についての解釈が混在しています。

二重処罰の禁止は、ある罪で処罰された行為を別の罪で処罰することをいいます。英米法に由来する**二重の危険の禁止**の考え方では、国家には一度だけ訴追の権利が認められ、被告人に二重に処罰の危険を負担させないと考えます。被告の立場というのは物質的にも心理的にも極めて大きな負担が生じます。刑罰のおそれや社会的制裁を受けながら裁判を継続させなければならないという被告人の保護に注目しています。

一事不再理の禁止は、同一の事件は一度審理されたならば再び審理することはない、という大陸法の考え方で、裁判所がいったん真実であると判断したら、もう争うことはできませんよ（実体判決の既判力）という考え方です。どちらを利用するかで結論はそれほど変わりませんが刑事罰と行政制裁の併科（２つを科すこと）する場合に問題になります。

たとえば、企業が法人税を脱税した場合、捕脱犯として刑罰（刑事犯）とともに追徴税（行政犯）の２つが科されることがあります。刑罰は反社会的行為に対する制裁で、追徴税は納税義務違反に対する行政上の措置ですから両者は異なる別の制裁（最大判昭和33年４月30日民集12巻６号938頁）といえそうですが、行政制裁の形をとっていても実質的には刑罰と同視できるのであれば、39条違反と考えるべきかもしれません。

最後に、2016（平成28）年刑事訴訟法の一部改正で「証拠収集等への協力及び訴追に関する合意」の制度がスタートしました（刑訴350条の２から350の15・157の２）。他者の犯罪について捜査に協力する見返りに検察官が被疑者を不起

訴にしたり、被告人の求刑を軽くしたりするもので、いわゆる**司法取引**といいます。取り調べによる証拠の収集の比重を低下させ、収集方法を多様化するために採用されました。

おわりに

憲法第三章には「国民の権利及び義務」10条から40条まで31ケ条が規定されています。そのうち10ケ条が刑事手続を扱っています。そのうち31条は刑事手続の総則規定であるとされます。31条以下の条文はもともと刑事手続を想定していますが、多様な行政活動にも準用されるようになりました。泥酔者の保護、伝染病での隔離など行政活動は多様です。最高裁は問題となる行政手続に刑事責任を追及する目的があるのか、刑事手続の共通性（制限される権利の内容、性質、制限の程度、公益、緊急性など）をみながら刑事手続の規定をどの程度、反映すべきかを考えているようです。**行政手続法**が1993（平成5）年に制定され、不利益処分が課される場合に原則、告知と聴聞の機会が与えられることになりました。

刑事裁判がはじまったら検察と被告のバトルが始まります。対立する当事者がそれぞれの主張をお互いが確かめ合う機会が用意されます。（弾劾的捜査観）公判に持ち込めるのは証拠としての資格（証拠力）を有しているものだけです。証拠としての力（証明力）は当事者の立証に左右されます。それぞれの証拠や証人は、対立する当事者から審問を受けて、確認されるべきだという考え方がとられています。

犯罪者の権利ばかりが注目され、被害者の権利が軽視されているという批判を受けて**犯罪被害者等基本法**が制定されました。ただし、刑事裁判以外の民事救済にも注目すべきではないかという批判もあります。

被疑者と被告人は弁護人を依頼する権利が保障されるようになりました。身柄を拘束されている被疑者、被告人と弁護人をつなぐ接見交通権には捜査機関の取り調べが重視されているという批判もあります。他方で、取調べの可視化も導入されています。

裁判の迅速化を図るために2005年から**公判前整理手続**が採用されています。あまりに審理が遅れた場合は高田事件に従って、非常救済手段として免訴を言

い渡します。

　裁判が公開されているのは、裁判を広く国民の監視のもとにおいて裁判の公正、中立性を確保するためです。ただし、真実の発見というよりは家庭内のごたごたなど国家が後見的な立場で扱う非訟事件は必ずしも公開されません。

　ご清聴ありがとうございました。

┌─ 質疑応答の時間 ─

受講者：刑事事件の有罪率が99.9％というのは本当ですか。

行熊（ゆきぐま）：起訴した事件の有罪率か、データの収集方法もみなければなりません。わが国では検察官が起訴するかどうかの権限と裁量を有しています。（起訴独占主義・起訴裁量）

受講者：捜査官が被疑者を殴って、それで犯罪の証拠（たとえば殺人の時に用いたナイフ）が出たらその人がやったことは間違いがないのだから、その人を処罰すべきだと思いますが？

行熊：違法な捜査で収集された証拠は裁判の証拠にできないという違法収集証拠排除法則の理解を深めてみましょう。本来は、犯人しか知りえない場所から血のべったりついたナイフが出てくれば、刑訴法の目的である真実の発見が優先して有罪とすべきと考えられるかもしれません。しかし、真実の発見は人権保障の前に譲歩します。実際の判例の結論もみてみてください。

受講者：犯罪の加害者の権利は、この講義でよく理解できました。被害者についての権利は十分に保障されていますか？

行熊：たしかに一定の事案では被害者そしてその弁護士が法廷に出席できる制度ができたのは10年ほど前のことです。リベンジポルノなどの新しい犯罪では、被害が長期にわたって深刻な場合があります。現行の犯罪被害者の仕組みだけでは被害者の救済という点では今のところ不十分かもしれませんね。

受講者：もし冤罪であることが確定した場合はどうでしょうか？

行熊：冤罪ということは、被告人が本当は罪を犯していなかった、無実だったということですね。これまで行ってきた捜査が間違っていたということになります。そのため40条は**刑事補償請求権**を規定しています。

参考文献一覧

芦部信喜〔高橋和之補訂〕『憲法 第七版』岩波書店, 2019年.

芦部信喜『憲法学Ⅲ 人権各論(1) 増補版』有斐閣, 2000年.

新井誠・曽我部真裕・佐々木くみ・横大道聡『憲法Ⅱ 人権』日本評論社, 2016年.

安西文雄・巻美矢紀・宍戸常寿『憲法学読本 第3版』有斐閣, 2018年.

市川正人『基本講義 憲法』〈ライブラリ法学基本講義〉新世社, 2014年.

伊藤真『伊藤真の日本一やさしい「憲法」の授業』KADOKAWA, 2017年.

稲正樹・孝忠延夫・國分典子編著『アジアの憲法入門』日本評論社, 2010年.

宇賀克也『地方自治法概説 第8版』有斐閣, 2019年.

浦部法穂『憲法学教室 第3版』日本評論社, 2016年.

榎透・大江一平・大林啓吾編著『時事法学—法からみる社会問題—新版』北樹出版, 2011年.

大石眞・石川健治編『憲法の争点』〈新・法律学の争点シリーズ〉有斐閣, 2008年.

大石眞・大沢秀介編『判例憲法 第3版』有斐閣, 2016年.

兼子仁編『教育判例百選 第2版』有斐閣, 1979年.

兼子仁編『教育判例百選 第3版』有斐閣, 1992年.

川岸令和ほか著『憲法 第4版』青林書院, 2016年.

木下智史・只野雅人編『新・コンメンタール憲法 第2版』日本評論社, 2019年.

君塚正臣編『大学生のための憲法』法律文化社, 2018年.

君塚正臣編『高校から大学への憲法 第2版』法律文化社, 2016年.

孝忠延夫『国政調査権の研究』法律文化社, 1990年.

孝忠延夫『「マイノリティ」へのこだわりと憲法学』関西大学出版部, 2010年.

孝忠延夫・大久保卓治編『憲法実感！ゼミナール』法律文化社, 2014年.

佐藤幸治『日本国憲法論』成文堂, 2011年.

澤野義一・小林直三編『テキストブック憲法 第2版』法律文化社, 2017年.

渋谷秀樹『憲法 第3版』有斐閣, 2017年.

渋谷秀樹・赤坂正浩『憲法1 人権 第7版』〈有斐閣アルマ〉有斐閣, 2019年.

渋谷秀樹・赤坂正浩『憲法2 統治 第7版』〈有斐閣アルマ〉有斐閣, 2019年.

芹沢斉・市川正人・阪口正二郎編『新基本法コンメンタール 憲法』日本評論社, 2011年.

曽我部真裕・林秀弥・栗田昌裕『情報法概説 第2版』弘文堂, 2019年.

高田敏・初宿正典編訳『ドイツ憲法集 第7版』信山社, 2016年.

高橋和之・長谷部恭男・石川健治編『憲法判例百選Ⅰ 第5版』有斐閣, 2007年.

高橋和之・長谷部恭男・石川健治編『憲法判例百選Ⅱ 第5版』有斐閣, 2007年.

高橋和之『立憲主義と日本国憲法 第4版』有斐閣, 2017年.

高橋和之ほか編『法律学小辞典 第5版』有斐閣，2016年.

辻村みよ子『憲法 第6版』日本評論社，2018年.

辻村みよ子・山元一編『概説 憲法コンメンタール』信山社，2018年.

辻村みよ子『比較憲法 第3版』岩波書店，2018年.

野中俊彦・中村睦男・高橋和之・高見勝利『憲法Ⅰ 第5版』有斐閣，2012年.

野中俊彦・中村睦男・高橋和之・高見勝利『憲法Ⅱ 第5版』有斐閣，2012年.

長谷部恭男・石川健治・宍戸常寿編『憲法判例百選Ⅰ 第6版』有斐閣，2013年.

長谷部恭男・石川健治・宍戸常寿編『憲法判例百選Ⅱ 第6版』有斐閣，2013年.

長谷部恭男・石川健治・宍戸常寿編『憲法判例百選Ⅰ 第7版』有斐閣，2019年.

長谷部恭男・石川健治・宍戸常寿編『憲法判例百選Ⅱ 第7版』有斐閣，2019年.

長谷部恭男『憲法 第7版』〈新法学ライブラリ〉新世社，2018年.

長谷部恭男編著『注釈 日本国憲法(2)』有斐閣，2017年.

樋口陽一・佐藤幸治・中村睦男・浦部法穂『憲法Ⅱ 第21条〜第40条』青林書院，1997年.

松井茂記『インターネットの憲法学 新版』岩波書店，2014年.

松井茂記『表現の自由と名誉毀損』有斐閣，2013年.

松井茂記『日本国憲法 第3版』有斐閣，2007年.

宮沢俊義『憲法Ⅱ 新版』有斐閣，1971年.

橋木純二・金谷重樹・吉川寿一編著『改訂版 新・学習憲法』晃洋書房，2010年.

吉田仁美・渡辺暁彦編『憲法判例クロニクル』ナカニシヤ出版，2016年.

渡辺康行・宍戸常寿・松本和彦・工藤達朗『憲法Ⅰ 基本権』日本評論社，2016年.

事項索引

【資　　料】

日 本 国 憲 法

朕は、日本国民の総意に基いて、新日本建設の礎が、定まるに至つたことを、深くよろこび、枢密顧問の諮詢及び帝国憲法第73条による帝国議会の議決を経た帝国憲法の改正を裁可し、ここにこれを公布せしめる。

御　名　御　璽

昭和21年11月3日

内閣総理大臣兼 外　務　大　臣		吉　田　　茂
国　務　大　臣	男爵	幣原喜重郎
司　法　大　臣		木村篤太郎
内　務　大　臣		大村　清一
文　部　大　臣		田中耕太郎
農　林　大　臣		和田　博雄
国　務　大　臣		斎藤　隆夫
逓　信　大　臣		一松　定吉
商　工　大　臣		星島　二郎
厚　生　大　臣		河合　良成
国　務　大　臣		植原悦二郎
運　輸　大　臣		平塚常次郎
大　蔵　大　臣		石橋　湛山
国　務　大　臣		金森徳次郎
国　務　大　臣		膳　桂之助

日 本 国 憲 法

日本国民は、正当に選挙された国会における代表者を通じて行動し、われらとわれらの子孫のために、諸国民との協和による成果と、わが国全土にわたつて自由のもたらす恵沢を確保し、政府の行為によつて再び戦争の惨禍が起ることのないやうにすることを決意し、ここに主権が国民に存することを宣言し、この憲法を確定する。そもそも国政は、国民の厳粛な信託によるものであつて、その権威は国民に由来し、その権力は国民の代表者がこれを行使し、その福利は国民がこれを享受する。これは人類普遍の原理であり、この憲法は、かかる原理に基くものである。われらは、これに反する一切の憲法、法令及び詔勅を排除する。

日本国民は、恒久の平和を念願し、人間相互の関係を支配する崇高な理想を深く自覚するのであつて、平和を愛する諸国民の公正と信義に信頼して、われらの安全と生存を保持しようと決意した。われらは、平和を維持し、専制と隷従、圧迫と偏狭を地上から永遠に除去しようと努めてゐる国際社会において、名誉ある地位を占めたいと思ふ。われらは、全世界の国民が、ひとしく恐怖と欠乏から免かれ、平和のうちに生存する権利を有することを確認する。

われらは、いづれの国家も、自国のことのみに専念して他国を無視してはならないのであつて、政治道徳の法則は、普遍的なものであり、この法則に従ふことは、自国の主権を維持し、他国と対等関係に立たうとする各国の責務であると信ずる。

日本国民は、国家の名誉にかけ、全力をあげてこの崇高な理想と目的を達成することを誓ふ。

第1章　天　　皇

第1条〔天皇の地位、国民主権〕　天皇は、日本国の象徴であり日本国民統合の象徴であつて、この地位は、主権の存する日本国民の総意に基く。

第2条〔皇位の継承〕　皇位は、世襲のものであって、国会の議決した皇室典範の定めるところにより、これを継承する。

第3条〔天皇の国事行為に対する内閣の助言と承認〕　天皇の国事に関するすべての行為には、内閣の助言と承認を必要とし、内閣が、その責任を負ふ。

第4条〔天皇の権能の限界・天皇の国事行為の委任〕　①　天皇は、この憲法の定める国事に関する行為のみを行ひ、国政に関する権能を有しない。

②　天皇は、法律の定めるところにより、その国事に関する行為を委任することができる。

第5条〔摂政〕　皇室典範の定めるところにより摂政を置くときは、摂政は、天皇の名でその国事に関する行為を行ふ。この場合には、前条第1項の規定を準用する。

第6条〔天皇の任命権〕　①　天皇は、国会の指名に基いて、内閣総理大臣を任命する。

②　天皇は、内閣の指名に基いて、最高裁判所の長たる裁判官を任命する。

第7条〔天皇の国事行為〕　天皇は、内閣の助言と承認により、国民のために、左の国事に関する行為を行ふ。

　1　憲法改正、法律、政令及び条約を公布すること。

　2　国会を召集すること。

　3　衆議院を解散すること。

　4　国会議員の総選挙の施行を公示すること。

　5　国務大臣及び法律の定めるその他の官吏の任免並びに全権委任状及び大使及び公使の信任状を認証すること。

　6　大赦、特赦、減刑、刑の執行の免除及び復権を認証すること。

　7　栄典を授与すること。

　8　批准書及び法律の定めるその他の外交文書を認証すること。

　9　外国の大使及び公使を接受すること。

　10　儀式を行ふこと。

第8条〔皇室の財産授受〕　皇室に財産を譲り渡し、又は皇室が、財産を譲り受け、若しくは賜与することは、国会の議決に基かなければならない。

第2章　戦争の放棄

第9条〔戦争の放棄、軍備及び交戦権の否認〕　①　日本国民は、正義と秩序を基調とする国際平和を誠実に希求し、国権の発動たる戦争と、武力による威嚇又は武力の行使は、国際紛争を解決する手段としては、永久にこれを放棄する。

②　前項の目的を達するため、陸海空軍その他の戦力は、これを保持しない。国の交戦権は、これを認めない。

第3章　国民の権利及び義務

第10条〔国民の要件〕　日本国民たる要件は、法律でこれを定める。

第11条〔基本的人権の享有〕　国民は、すべての基本的人権の享有を妨げられない。この憲法が国民に保障する基本的人権は、侵すことのできない永久の権利として、現在及び将来の国民に与へられる。

第12条〔自由・権利の保持の責任とその濫用の禁止〕　この憲法が国民に保障する自由及び権利は、国民の不断の努力によつて、これを保持しなければならない。又、国民は、これを濫用してはならないのであつて、常に公共の福祉のためにこれを利用する責任を負ふ。

第13条〔個人の尊重、生命・自由・幸福追求の権利の尊重〕　すべて国民は、個人として

尊重される。生命、自由及び幸福追求に対する国民の権利については、公共の福祉に反しない限り、立法その他の国政の上で、最大の尊重を必要とする。

第14条〔法の下の平等、貴族制度の否認、栄典〕　①　すべて国民は、法の下に平等であつて、人種、信条、性別、社会的身分又は門地により、政治的、経済的又は社会的関係において、差別されない。

②　華族その他の貴族の制度は、これを認めない。

③　栄誉、勲章その他の栄典の授与は、いかなる特権も伴はない。栄典の授与は、現にこれを有し、又は将来これを受ける者の一代に限り、その効力を有する。

第15条〔公務員の選定及び罷免権、公務員の本質、普通選挙・秘密投票の保障〕　①　公務員を選定し、及びこれを罷免することは、国民固有の権利である。

②　すべて公務員は、全体の奉仕者であつて、一部の奉仕者ではない。

③　公務員の選挙については、成年者による普通選挙を保障する。

④　すべての選挙における投票の秘密は、これを侵してはならない。選挙人は、その選択に関し公的にも私的にも責任を問はれない。

第16条〔請願権〕　何人も、損害の救済、公務員の罷免、法律、命令又は規則の制定、廃止又は改正その他の事項に関し、平穏に請願する権利を有し、何人も、かかる請願をしたためにいかなる差別待遇も受けない。

第17条〔国及び公共団体の賠償責任〕　何人も、公務員の不法行為により、損害を受けたときは、法律の定めるところにより、国又は公共団体に、その賠償を求めることができる。

第18条〔奴隷的拘束及び苦役からの自由〕　何人も、いかなる奴隷的拘束も受けない。又、犯罪に因る処罰の場合を除いては、その意に反する苦役に服させられない。

第19条〔思想及び良心の自由〕　思想及び良心の自由は、これを侵してはならない。

第20条〔信教の自由〕　①　信教の自由は、何人に対してもこれを保障する。いかなる宗教団体も、国から特権を受け、又は政治上の権力を行使してはならない。

②　何人も、宗教上の行為、祝典、儀式又は行事に参加することを強制されない。

③　国及びその機関は、宗教教育その他いかなる宗教的活動もしてはならない。

第21条〔集会・結社・表現の自由、検閲の禁止、通信の秘密〕　①　集会、結社及び言論、出版その他一切の表現の自由は、これを保障する。

②　検閲は、これをしてはならない。通信の秘密は、これを侵してはならない。

第22条〔居住・移転及び職業選択の自由、外国移住・国籍離脱の自由〕　①　何人も、公共の福祉に反しない限り、居住、移転及び職業選択の自由を有する。

②　何人も、外国に移住し、又は国籍を離脱する自由を侵されない。

第23条〔学問の自由〕　学問の自由は、これを保障する。

第24条〔家庭生活における個人の尊厳と両性の平等〕　①　婚姻は、両性の合意のみに基いて成立し、夫婦が同等の権利を有することを基本として、相互の協力により、維持されなければならない。

②　配偶者の選択、財産権、相続、住居の選定、離婚並びに婚姻及び家族に関するその他の事項に関しては、法律は、個人の尊厳と両性の本質的平等に立脚して、制定されなければならない。

第25条〔生存権、国の社会的使命〕　①　す

べて国民は、健康で文化的な最低限度の生活を営む権利を有する。

② 国は、すべての生活部面について、社会福祉、社会保障及び公衆衛生の向上及び増進に努めなければならない。

第26条〔教育を受ける権利、教育を受けさせる義務、義務教育の無償〕 ① すべて国民は、法律の定めるところにより、その能力に応じて、ひとしく教育を受ける権利を有する。

② すべて国民は、法律の定めるところにより、その保護する子女に普通教育を受けさせる義務を負ふ。義務教育は、これを無償とする。

第27条〔勤労の権利及び義務、勤労条件の基準、児童酷使の禁止〕 ① すべて国民は、勤労の権利を有し、義務を負ふ。

② 賃金、就業時間、休息その他の勤労条件に関する基準は、法律でこれを定める。

③ 児童は、これを酷使してはならない。

第28条〔勤労者の団結権・団体交渉権その他の団体行動権〕 勤労者の団結する権利及び団体交渉その他の団体行動をする権利は、これを保障する。

第29条〔財産権〕 ① 財産権は、これを侵してはならない。

② 財産権の内容は、公共の福祉に適合するやうに、法律でこれを定める。

③ 私有財産は、正当な補償の下に、これを公共のために用ひることができる。

第30条〔納税の義務〕 国民は、法律の定めるところにより、納税の義務を負ふ。

第31条〔法定手続の保障〕 何人も、法律の定める手続によらなければ、その生命若しくは自由を奪はれ、又はその他の刑罰を科せられない。

第32条〔裁判を受ける権利〕 何人も、裁判所において裁判を受ける権利を奪はれない。

第33条〔逮捕の要件〕 何人も、現行犯として逮捕される場合を除いては、権限を有する司法官憲が発し、且つ理由となつてゐる犯罪を明示する令状によらなければ、逮捕されない。

第34条〔抑留、拘禁の要件、不法拘禁に対する保障〕 何人も、理由を直ちに告げられ、且つ、直ちに弁護人に依頼する権利を与へられなければ、抑留又は拘禁されない。又、何人も、正当な理由がなければ、拘禁されず、要求があれば、その理由は、直ちに本人及びその弁護人の出席する公開の法廷で示されなければならない。

第35条〔住居侵入・捜索・押収に対する保障〕 ① 何人も、その住居、書類及び所持品について、侵入、捜索及び押収を受けることのない権利は、第33条の場合を除いては、正当な理由に基いて発せられ、且つ捜索する場所及び押収する物を明示する令状がなければ、侵されない。

② 捜索又は押収は、権限を有する司法官憲が発する各別の令状により、これを行ふ。

第36条〔拷問及び残虐刑の禁止〕 公務員による拷問及び残虐な刑罰は、絶対にこれを禁ずる。

第37条〔刑事被告人の権利〕 ① すべて刑事事件においては、被告人は、公平な裁判所の迅速な公開裁判を受ける権利を有する。

② 刑事被告人は、すべての証人に対して審問する機会を充分に与へられ、又、公費で自己のために強制的手続により証人を求める権利を有する。

③ 刑事被告人は、いかなる場合にも、資格を有する弁護人を依頼することができる。被告人が自らこれを依頼することができないときは、国でこれを附する。

第38条〔自己に不利益な供述の強要禁止、自白の証拠能力〕 ① 何人も、自己に不利益

な供述を強要されない。

② 強制、拷問若しくは脅迫による自白又は不当に長く抑留若しくは拘禁された後の自白は、これを証拠とすることができない。

③ 何人も、自己に不利益な唯一の証拠が本人の自白である場合には、有罪とされ、又は刑罰を科せられない。

第39条〔遡及処罰の禁止、一事不再理〕 何人も、実行の時に適法であつた行為又は既に無罪とされた行為については、刑事上の責任を問はれない。又、同一の犯罪について、重ねて刑事上の責任を問はれない。

第40条〔刑事補償〕 何人も、抑留又は拘禁された後、無罪の裁判を受けたときは、法律の定めるところにより、国にその補償を求めることができる。

第4章 国 会

第41条〔国会の地位、立法権〕 国会は、国権の最高機関であつて、国の唯一の立法機関である。

第42条〔両院制〕 国会は、衆議院及び参議院の両議院でこれを構成する。

第43条〔両議院の組織〕 ① 両議院は、全国民を代表する選挙された議員でこれを組織する。

② 両議院の議員の定数は、法律でこれを定める。

第44条〔議員及び選挙人の資格〕 両議院の議員及びその選挙人の資格は、法律でこれを定める。但し、人種、信条、性別、社会的身分、門地、教育、財産又は収入によつて差別してはならない。

第45条〔衆議院議員の任期〕 衆議院議員の任期は、4年とする。但し、衆議院解散の場合には、その期間満了前に終了する。

第46条〔参議院議員の任期〕 参議院議員の任期は、6年とし、3年ごとに議員の半数を改選する。

第47条〔選挙に関する事項の法定〕 選挙区、投票の方法その他両議院の議員の選挙に関する事項は、法律でこれを定める。

第48条〔両院議員兼職の禁止〕 何人も、同時に両議院の議員たることはできない。

第49条〔議員の歳費〕 両議院の議員は、法律の定めるところにより、国庫から相当額の歳費を受ける。

第50条〔議員の不逮捕特権〕 両議院の議員は、法律の定める場合を除いては、国会の会期中逮捕されず、会期前に逮捕された議員は、その議院の要求があれば、会期中これを釈放しなければならない。

第51条〔議員の発言・表決の無責任〕 両議院の議員は、議院で行つた演説、討論又は表決について、院外で責任を問はれない。

第52条〔常会〕 国会の常会は、毎年1回これを召集する。

第53条〔臨時会〕 内閣は、国会の臨時会の召集を決定することができる。いづれかの議院の総議員の4分の1以上の要求があれば、内閣は、その召集を決定しなければならない。

第54条〔衆議院の解散、特別会、参議院の緊急集会〕 ① 衆議院が解散されたときは、解散の日から40日以内に、衆議院議員の総選挙を行ひ、その選挙の日から30日以内に、国会を召集しなければならない。

② 衆議院が解散されたときは、参議院は、同時に閉会となる。但し、内閣は、国に緊急の必要があるときは、参議院の緊急集会を求めることができる。

③ 前項但書の緊急集会において採られた措置は、臨時のものであつて、次の国会開会の後10日以内に、衆議院の同意がない場合には、その効力を失ふ。

第55条〔議員の資格争訟〕　両議院は、各ゝ
その議員の資格に関する争訟を裁判する。
但し、議員の議席を失はせるには、出席議
員の3分の2以上の多数による議決を必要
とする。

第56条〔議事議決の定足数・表決〕　①　両
議院は、各ゝその総議員の3分の1以上の
出席がなければ、議事を開き議決すること
ができない。

②　両議院の議事は、この憲法に特別の定の
ある場合を除いては、出席議員の過半数で
これを決し、可否同数のときは、議長の決
するところによる。

第57条〔会議の公開・会議の記録・表決の会議
録への記載〕　①　両議院の会議は、公開
とする。但し、出席議員の3分の2以上の
多数で議決したときは、秘密会を開くこと
ができる。

②　両議院は、各ゝその会議の記録を保存
し、秘密会の記録の中で特に秘密を要する
と認められるもの以外は、これを公表し、
且つ一般に頒布しなければならない。

③　出席議員の5分の1以上の要求があれ
ば、各議員の表決は、これを会議録に記載
しなければならない。

第58条〔議長等の選任・議院の自律権〕　①
両議院は、各ゝその議長その他の役員を選
任する。

②　両議院は、各ゝその会議その他の手続及
び内部の規律に関する規則を定め、又、院
内の秩序をみだした議員を懲罰することが
できる。但し、議員を除名するには、出席
議員の3分の2以上の多数による議決を必
要とする。

第59条〔法律案の議決・衆議院の優越〕　①
法律案は、この憲法に特別の定のある場合
を除いては、両議院で可決したとき法律と
なる。

②　衆議院で可決し、参議院でこれと異なつ
た議決をした法律案は、衆議院で出席議員
の3分の2以上の多数で再び可決したとき
は、法律となる。

③　前項の規定は、法律の定めるところによ
り、衆議院が、両議院の協議会を開くこと
を求めることを妨げない。

④　参議院が、衆議院の可決した法律案を受
け取つた後、国会休会中の期間を除いて60
日以内に、議決しないときは、衆議院は、
参議院がその法律案を否決したものとみな
すことができる。

第60条〔衆議院の予算先議・予算議決に関する
衆議院の優越〕　①　予算は、さきに衆議
院に提出しなければならない。

②　予算について、参議院で衆議院と異なつ
た議決をした場合に、法律の定めるところ
により、両議院の協議会を開いても意見が
一致しないとき、又は参議院が、衆議院の
可決した予算を受け取つた後、国会休会中
の期間を除いて30日以内に、議決しないと
きは、衆議院の議決を国会の議決とする。

第61条〔条約の国会承認・衆議院の優越〕
条約の締結に必要な国会の承認について
は、前条第2項の規定を準用する。

第62条〔議院の国政調査権〕　両議院は、各
ゝ国政に関する調査を行ひ、これに関し
て、証人の出頭及び証言並びに記録の提出
を要求することができる。

第63条〔国務大臣の議院出席の権利と義務〕
内閣総理大臣その他の国務大臣は、両議院
の1に議席を有すると有しないとにかかは
らず、何時でも議案について発言するため
議院に出席することができる。又、答弁又
は説明のため出席を求められたときは、出
席しなければならない。

第64条〔弾劾裁判所〕　①　国会は、罷免の
訴追を受けた裁判官を裁判するため、両議

院の議員で組織する弾劾裁判所を設ける。

② 弾劾に関する事項は、法律でこれを定める。

第5章 内　閣

第65条〔行政権〕　行政権は、内閣に属する。

第66条〔内閣の組織・国会に対する連帯責任〕
① 内閣は、法律の定めるところにより、その首長たる内閣総理大臣及びその他の国務大臣でこれを組織する。

② 内閣総理大臣その他の国務大臣は、文民でなければならない。

③ 内閣は、行政権の行使について、国会に対し連帯して責任を負ふ。

第67条〔内閣総理大臣の指名・衆議院の優越〕
① 内閣総理大臣は、国会議員の中から国会の議決で、これを指名する。この指名は、他のすべての案件に先だつて、これを行ふ。

② 衆議院と参議院とが異なつた指名の議決をした場合に、法律の定めるところにより、両議院の協議会を開いても意見が一致しないとき、又は衆議院が指名の議決をした後、国会休会中の期間を除いて10日以内に、参議院が、指名の議決をしないときは、衆議院の議決を国会の議決とする。

第68条〔国務大臣の任命及び罷免〕　① 内閣総理大臣は、国務大臣を任命する。但し、その過半数は、国会議員の中から選ばれなければならない。

② 内閣総理大臣は、任意に国務大臣を罷免することができる。

第69条〔衆議院の内閣不信任〕　内閣は、衆議院で不信任の決議案を可決し、又は信任の決議案を否決したときは、10日以内に衆議院が解散されない限り、総辞職をしなければならない。

第70条〔内閣総理大臣の欠缺・総選挙後の総辞職〕　内閣総理大臣が欠けたとき、又は衆議院議員総選挙の後に初めて国会の召集があつたときは、内閣は、総辞職をしなければならない。

第71条〔総辞職後の内閣の職務〕　前2条の場合には、内閣は、あらたに内閣総理大臣が任命されるまで引き続きその職務を行ふ。

第72条〔内閣総理大臣の職権〕　内閣総理大臣は、内閣を代表して議案を国会に提出し、一般国務及び外交関係について国会に報告し、並びに行政各部を指揮監督する。

第73条〔内閣の職権〕　内閣は、他の一般行政事務の外、左の事務を行ふ。

1　法律を誠実に執行し、国務を総理すること。

2　外交関係を処理すること。

3　条約を締結すること。但し、事前に、時宜によつては事後に、国会の承認を経ることを必要とする。

4　法律の定める基準に従ひ、官吏に関する事務を掌理すること。

5　予算を作成して国会に提出すること。

6　この憲法及び法律の規定を実施するために、政令を制定すること。但し、政令には、特にその法律の委任がある場合を除いては、罰則を設けることができない。

7　大赦、特赦、減刑、刑の執行の免除及び復権を決定すること。

第74条〔法律・政令の署名〕　法律及び政令には、すべて主任の国務大臣が署名し、内閣総理大臣が連署することを必要とする。

第75条〔国務大臣の訴追〕　国務大臣は、その在任中、内閣総理大臣の同意がなければ、訴追されない。但し、これがため、訴追の権利は、害されない。

第6章　司　　法

第76条〔司法権、特別裁判所の禁止、裁判官の職務の独立〕　①　すべて司法権は、最高裁判所及び法律の定めるところにより設置する下級裁判所に属する。

②　特別裁判所は、これを設置することができない。行政機関は、終審として裁判を行ふことができない。

③　すべて裁判官は、その良心に従ひ独立してその職権を行ひ、この憲法及び法律にのみ拘束される。

第77条〔最高裁判所の規則制定権〕　①　最高裁判所は、訴訟に関する手続、弁護士、裁判所の内部規律及び司法事務処理に関する事項について、規則を定める権限を有する。

②　検察官は、最高裁判所の定める規則に従はなければならない。

③　最高裁判所は、下級裁判所に関する規則を定める権限を、下級裁判所に委任することができる。

第78条〔裁判官の身分の保障〕　裁判官は、裁判により、心身の故障のために職務を執ることができないと決定された場合を除いては、公の弾劾によらなければ罷免されない。裁判官の懲戒処分は、行政機関がこれを行ふことはできない。

第79条〔最高裁判所の裁判官・国民審査〕　①　最高裁判所は、その長たる裁判官及び法律の定める員数のその他の裁判官でこれを構成し、その長たる裁判官以外の裁判官は、内閣でこれを任命する。

②　最高裁判所の裁判官の任命は、その任命後初めて行はれる衆議院議員総選挙の際国民の審査に付し、その後10年を経過した後初めて行はれる衆議院議員総選挙の際更に

審査に付し、その後も同様とする。

③　前項の場合において、投票者の多数が裁判官の罷免を可とするときは、その裁判官は、罷免される。

④　審査に関する事項は、法律でこれを定める。

⑤　最高裁判所の裁判官は、法律の定める年齢に達した時に退官する。

⑥　最高裁判所の裁判官は、すべて定期に相当額の報酬を受ける。この報酬は、在任中、これを減額することができない。

第80条〔下級裁判所の裁判官〕　①　下級裁判所の裁判官は、最高裁判所の指名した者の名簿によつて、内閣でこれを任命する。その裁判官は、任期を10年とし、再任されることができる。但し、法律の定める年齢に達した時には退官する。

②　下級裁判所の裁判官は、すべて定期に相当額の報酬を受ける。この報酬は、在任中、これを減額することができない。

第81条〔最高裁判所の法令等審査権〕　最高裁判所は、一切の法律、命令、規則又は処分が憲法に適合するかしないかを決定する権限を有する終審裁判所である。

第82条〔裁判の公開〕　①　裁判の対審及び判決は、公開法廷でこれを行ふ。

②　裁判所が、裁判官の全員一致で、公の秩序又は善良の風俗を害する虞があると決した場合には、対審は、公開しないでこれを行ふことができる。但し、政治犯罪、出版に関する犯罪又はこの憲法第3章で保障する国民の権利が問題となつてゐる事件の対審は、常にこれを公開しなければならない。

第7章　財　　政

第83条〔財政処理の基本原則〕　国の財政を処理する権限は、国会の議決に基いて、こ

れを行使しなければならない。

第84条〔課税の要件〕　あらたに租税を課し、又は現行の租税を変更するには、法律又は法律の定める条件によることを必要とする。

第85条〔国費の支出及び債務負担〕　国費を支出し、又は国が債務を負担するには、国会の議決に基くことを必要とする。

第86条〔予算〕　内閣は、毎会計年度の予算を作成し、国会に提出して、その審議を受け議決を経なければならない。

第87条〔予備費〕　①　予見し難い予算の不足に充てるため、国会の議決に基いて予備費を設け、内閣の責任でこれを支出することができる。
②　すべて予備費の支出については、内閣は、事後に国会の承諾を得なければならない。

第88条〔皇室財産、皇室の費用〕　すべて皇室財産は、国に属する。すべて皇室の費用は、予算に計上して国会の議決を経なければならない。

第89条〔公の財産の支出又は利用の制限〕　公金その他の公の財産は、宗教上の組織若しくは団体の使用、便益若しくは維持のため、又は公の支配に属しない慈善、教育若しくは博愛の事業に対し、これを支出し、又はその利用に供してはならない。

第90条〔決算審査・会計検査院〕　①　国の収入支出の決算は、すべて毎年会計検査院がこれを検査し、内閣は、次の年度に、その検査報告とともに、これを国会に提出しなければならない。
②　会計検査院の組織及び権限は、法律でこれを定める。

第91条〔財政状況の報告〕　内閣は、国会及び国民に対し、定期に、少くとも毎年1回、国の財政状況について報告しなければ

ならない。

第8章　地方自治

第92条〔地方自治の基本原則〕　地方公共団体の組織及び運営に関する事項は、地方自治の本旨に基いて、法律でこれを定める。

第93条〔地方公共団体の機関とその直接選挙〕　①　地方公共団体には、法律の定めるところにより、その議事機関として議会を設置する。
②　地方公共団体の長、その議会の議員及び法律の定めるその他の吏員は、その地方公共団体の住民が、直接これを選挙する。

第94条〔地方公共団体の権能〕　地方公共団体は、その財産を管理し、事務を処理し、及び行政を執行する権能を有し、法律の範囲内で条例を制定することができる。

第95条〔1の地方公共団体のみに適用される特別法〕　1の地方公共団体のみに適用される特別法は、法律の定めるところにより、その地方公共団体の住民の投票においてその過半数の同意を得なければ、国会は、これを制定することができない。

第9章　改　　正

第96条〔憲法改正の手続・憲法改正の公布〕　①　この憲法の改正は、各議院の総議員の3分の2以上の賛成で、国会が、これを発議し、国民に提案してその承認を経なければならない。この承認には、特別の国民投票又は国会の定める選挙の際行はれる投票において、その過半数の賛成を必要とする。
②　憲法改正について前項の承認を経たときは、天皇は、国民の名で、この憲法と一体を成すものとして、直ちにこれを公布する。

第10章　最高法規

第97条〔基本的人権の本質〕　　この憲法が日本国民に保障する基本的人権は、人類の多年にわたる自由獲得の努力の成果であつて、これらの権利は、過去幾多の試錬に堪へ、現在及び将来の国民に対し、侵すことのできない永久の権利として信託されたものである。

第98条〔憲法の最高法規性、条約・国際法規の遵守〕　①　この憲法は、国の最高法規であつて、その条規に反する法律、命令、詔勅及び国務に関するその他の行為の全部又は一部は、その効力を有しない。

②　日本国が締結した条約及び確立された国際法規は、これを誠実に遵守することを必要とする。

第99条〔憲法尊重擁護の義務〕　　天皇又は摂政及び国務大臣、国会議員、裁判官その他の公務員は、この憲法を尊重し擁護する義務を負ふ。

第11章　補　　則

第100条〔憲法の施行期日・準備手続〕　①　この憲法は、公布の日から起算して6箇月を経過した日から、これを施行する。

②　この憲法を施行するために必要な法律の制定、参議院議員の選挙及び国会召集の手続並びにこの憲法を施行するために必要な準備手続は、前項の期日よりも前に、これを行ふことができる。

第101条〔経過規定〕　　この憲法施行の際、参議院がまだ成立してゐないときは、その成立するまでの間、衆議院は、国会としての権限を行ふ。

第102条〔同前〕　　この憲法による第1期の参議院議員のうち、その半数の者の任期は、これを3年とする。その議員は、法律の定めるところにより、これを定める。

第103条〔同前〕　　この憲法施行の際現に在職する国務大臣、衆議院議員及び裁判官並びにその他の公務員で、その地位に相応する地位がこの憲法で認められてゐる者は、法律で特別の定をした場合を除いては、この憲法施行のため、当然にはその地位を失ふことはない。但し、この憲法によつて、後任者が選挙又は任命されたときは、当然その地位を失ふ。

■執筆者紹介（＊編者、執筆順）

浅野　宜之（あさの・のりゆき）　関西大学政策創造学部教授　第1講, 第13講

＊大江　一平（おおえ・いっぺい）　東海大学法学部教授　第2講, 第7講, 第11講

＊小林　直三（こばやし・なおぞう）　大阪経済大学国際共創学部教授　第3講, 第10講

若狭　愛子（わかさ・あいこ）　京都産業大学法学部准教授　第4講

＊大久保卓治（おおくぼ・たくじ）　大阪学院大学法学部准教授　第5講, 第8講

下村　誠（しもむら・まこと）　京都府立大学公共政策学部准教授　第6講

＊守谷　賢輔（もりや・けんすけ）　福岡大学法学部准教授　第7講〈とある先生の研究室にて〉, 第12講

＊奈須　祐治（なす・ゆうじ）　西南学院大学法学部教授　第9講, 第14講

辻　雄一郎（つじ・ゆういちろう）　明治大学法学部教授　第15講

Horitsu Bunka Sha

憲法入門！ 市民講座

2020 年 3 月 25 日　初版第 1 刷発行
2024 年 11月15日　初版第 3 刷発行

編　者　大久保卓治・小 林 直 三
　　　　奈 須 祐 治・大 江 一 平
　　　　守 谷 賢 輔

発行者　畑　　　　光

発行所　株式会社 法律文化社

〒603-8053
京都市北区上賀茂岩ヶ垣内町71
電話 075(791)7131　FAX 075(721)8400
https://www.hou-bun.com/

印刷：共同印刷工業㈱／製本：㈱吉田三誠堂製本所
装幀：白沢　正

ISBN978-4-589-04068-8

Ⓒ2020 T. Okubo, N. Kobayashi, Y. Nasu, I. Ooe,
K. Moriya　Printed in Japan

孝忠延夫・大久保卓治編 **憲法実感！ゼミナール** A 5 判・274頁・2640円	憲法の基本知識・条文・判例を、実社会とからめて軽やかな文体で簡潔に紹介。各章末には、論点理解や背景知識を一歩深める会話形式のゼミ風景を収録。憲法初学者も、既習者も、このテキストで憲法を実感！しよう。
小林直三・大江一平・薄井信行編 **判例で学ぶ憲法** A 5 判・230頁・2750円	「判例はなぜ大切か」という基本事項や、公務員試験(地方上級／国家一般)に頻出する判例の解説に重点をおき、また終章に「判例のリサーチ方法」を収録した教養科目の「日本国憲法」講義向けテキスト。14章に「国際法と憲法」をおき、近年の人権保障の国際的広がりも意識した。
澤野義一・小林直三編 **テキストブック憲法**〔第2版〕 A 5 判・212頁・2420円	憲法の基本的な知識を網羅したベーシックテキストの改訂版。最新の判例や関連立法の動向も収録し、平易かつ簡潔に解説。総論・統治制度・基本的人権の3部16章構成で、憲法の全体像をつかめる。
君塚正臣編 **高校から大学への憲法**〔第2版〕 A 5 判・222頁・2310円	高校までの学習を大学での講義に橋渡しすることをねらったユニークな憲法入門書。本文では高校で学んだ用語を明示するとともに大学での基本用語も強調し、学習を助ける工夫をした。高校の新指導要領を踏まえ全面的に改訂。
曽我部真裕・横山真紀編 **スタディ憲法**〔第2版〕 A 5 判・248頁・2750円	大好評テキストの最新版。各章冒頭のマンガが、各章のテーマやポイントを道案内。法律学を知らなくても楽しく読める・学習できるを実現した、憲法テキスト史上もっとも分かりやすい入門書。コロナ禍など、憲法に関連する最新の事象・動向を踏まえてアップトゥーデート。
宍戸常寿編〔〈18歳から〉シリーズ〕 **18歳から考える人権**〔第2版〕 B 5 判・106頁・2530円	人権によって私たちはどのように守られているのか？　ヘイトスピーチ、生活保護、ブラック企業……人権問題を具体例から読み解く入門書。SDGs、フェイクニュース、コロナ禍の解雇・雇止めなど、人権に関わる最新テーマにも言及。

―――――――― **法律文化社** ――――――――

表示価格は消費税10％を含んだ価格です